Política criminal
e crimes econômicos
Uma crítica constitucional

Leandro Sarcedo

Política criminal e crimes econômicos
Uma crítica constitucional

Copyright © 2012 Leandro Sarcedo

*Grafia atualizada segundo o Acordo Ortográfico da Língua Portuguesa de 1990,
que entrou em vigor no Brasil em 2009*

Publishers: Joana Monteleone/Haroldo Ceravolo Sereza/Roberto Cosso
Edição: Joana Monteleone
Editor assistente: Vitor Rodrigo Donofrio Arruda
Projeto gráfico e diagramação: Patrícia Jatobá U. de Oliveira
Assistente editorial: Juliana Pellegrini
Revisão: Rogério Chaves

CIP-BRASIL. CATALOGAÇÃO-NA-FONTE
SINDICATO NACIONAL DOS EDITORES DE LIVROS, RJ

S247p

Sarcedo, Leandro
POLÍTICA CRIMINAL E CRIMES ECONÔMICOS – UMA CRÍTICA CONSTITUCIONAL
Leandro Sarcedo
São Paulo: Alameda, 2012.
236p.

  Inclui bibliografia
  ISBN 978-85-7939-127-9

1. Direito penal – Brasil. 2. Processo penal – Brasil. I. Título.

12-1808.
          CDU: 343.2(81)

                    034184

ALAMEDA CASA EDITORIAL
Rua Conselheiro Ramalho, 694 – Bela Vista
CEP 01325-000 – São Paulo, SP
Tel. (11) 3012-2400
www.alamedaeditorial.com.br

À minha mãe, LÚCIA, por ter me ensinado a nunca esmorecer.
À minha irmã, LUCIANE, por sempre me aturar.
À minha madrinha, TÊ, pelo carinho incondicional.

À minha esposa, CRISTIANA, pelo amor, carinho, paciência,
incentivo, inteligência, sagacidade e, principalmente,
por ter me dado o maior de todos os presentes: CATARINA!

Aos amigos ALEXANDRE, PEDRO E LEONARDO,
fontes de segurança nos momentos inseguros.

Ao professor SÉRGIO SALOMÃO SHECAIRA,
que sabe ensinar, orientar, estimular e exigir,
sem nunca deixar de ser amigo.

Sumário

Apresentação   13

Introdução   15

1. Estrutura constitucional brasileira e ordem econômica   21

1.1. Assembleia Nacional Constituinte de 1987-1988: momento histórico e a gestação de uma nova ordem constitucional   21

1.2. Constituição da República de 1988: uma Constituição dirigente   44

1.3. Brasil, um Estado Democrático de Direito (artigo 1º da Constituição)   49

1.4. Dignidade da pessoa humana   53

1.4.1. Cidadania   56

1.5. Objetivos fundamentais da República brasileira (artigo 3º da Constituição): a cláusula transformadora   58

1.5.1. Desenvolvimento nacional   61

1.5.2. Construção de uma sociedade livre, justa e solidária   64

1.5.3. Erradicação da pobreza e da marginalização e redução das desigualdades sociais   66

1.6. A ordem econômica na estrutura constitucional (artigo 170 da Constituição)   67

1.6.1. Submissão da ordem econômica aos ditames da justiça social   71

2. Sociedade contemporânea e atividade econômica globalizada — 75

2.1. Sociedade contemporânea — 75

2.1.1. Incluídos na sociedade de consumo — 77

2.1.2. Excluídos da sociedade de consumo — 80

2.2. Atividade econômica globalizada — 85

2.3. Caso brasileiro: atividade econômica globalizada submetida aos ditames da justiça social — 96

3. Crimes econômicos — 103

3.1. Parâmetros da delimitação das conceituações — 103

3.1.1. Pequeno histórico — 110

3.1.2. Conceito criminológico — 116

3.1.3. Conceito jurídico — 129

3.2. Bem jurídico atingido pela criminalidade econômica — 132

3.2.1. Leitura constitucional do bem jurídico supraindividual e do direito penal econômico — 140

4. Política criminal — 145

4.1. Conceituação e delimitação do objeto de estudo — 145

4.2. Controle social formal e o controle social informal — 147

4.3. Política criminal como parte da política social para obter o controle social — 154

4.3.1. Caso específico dos crimes econômicos — 160

4.4. Política criminal submetida aos ditames da justiça social (artigo 170 da Constituição) e à construção de uma sociedade livre, justa e solidária — 164

4.4.1. Limites à política criminal impostos pela estrutura do Estado Democrático de Direito — 170

5. Crítica constitucional às propostas político-criminais aplicáveis aos crimes econômicos na sociedade contemporânea 175

5.1. Política criminal e direito penal econômico na sociedade contemporânea 175

5.2. Winfried Hassemer e o direito de intervenção 181

5.3. Jesús-María Silva Sánchez e o direito penal de duas velocidades 188

5.4. Responsabilização penal das pessoas jurídicas 194

5.5. Análise crítica das propostas político-criminais expostas 201

Conclusões 213

Bibliografia 219

Esta obra é basicamente o texto da dissertação apresentada como condição para obtenção do grau de mestre junto à Faculdade de Direito da Universidade de São Paulo, cujo título original é "Crítica constitucional às tendências político-criminais aplicáveis aos crimes econômicos na sociedade contemporânea".

O trabalho foi aprovado em 30 de abril de 2010 pela honrosa banca composta pelos ilustres professores titulares da Universidade de São Paulo, Drs. Sérgio Salomão Shecaira e Gilberto Bercovici, bem como pela também ilustre professora da Universidade Federal de Sergipe, Dra. Daniela Carvalho Almeida da Costa

Acrescentaram-se ao texto original da dissertação as correções e sugestões gentilmente oferecidas pelos examinadores no dia da arguição, bem como alguns outros aportes bibliográficos que chegaram ao conhecimento do autor entre a aprovação da dissertação e a remessa do trabalho para a editora. Algumas outras alterações – como a do título da obra, por exemplo – também foram sugeridas pelos queridos amigos da Alameda Casa Editorial, a quem eu imensamente agradeço na pessoa de Joana Monteleone.

Leandro Sarcedo

Apresentação

Crítica constitucional às tendências político-criminais aplicáveis aos crimes econômicos na sociedade contemporânea. Com esse tema, Leandro Sarcedo defendeu sua dissertação de mestrado, com todo o brilho na Universidade de São Paulo (USP). Na essência, seu trabalho fala da democracia e de como se criminalizam condutas de forma diferenciada na sociedade pós-moderna.

A trajetória do autor fala por si e se relaciona profundamente com a sua obra. Seu caminho de luta pelo ideal democrático viu um esforço para superar as adversidades que ele mesmo vivenciou. Se hoje o autor se permite enfrentar as diferenças dos mandados de incriminação é porque ao longo de sua vida enfrentou com a coluna ereta um feixe de adversidades. Sua história passa por viver a moradia dos alunos da Faculdade de Direito da USP, a famosa Casa dos Estudantes, e por fazer da advocacia criminal sua profissão. Certa vez, já de há muito, disse-me que nutria uma grande admiração por Waldir Troncoso Peres. "O Espanhol", como era conhecido pelos amigos ou, ainda, o "Cícero Paulista", como era chamado por seus admiradores que o veneravam, construiu uma sólida carreira cujo principal objetivo era a ética consubstanciada na defesa dos inocentes. Leandro Sarcedo espelhou-se na figura quase mítica do grande tribuno para construir uma sólida carreira de advogado, onde, não obstante também patrocine interesses de grande expressão econômica, sempre se coloca ao lado do mais necessitado. Esse é o seu *ethos*. Essa a sua face. É assim que volta à sua origem.

Mas o autor foi além da advocacia. Queria por que queria experimentar a carreira acadêmica. A ideia era teorizar sobre o que já vivenciava na prática. Seu primeiro passo seria o Mestrado, título que acabou por conquistar com brilho e merecimento. Ainda que pensasse em outro tema no início de seus estudos, acabou por se enamorar pela análise feita aos crimes econômicos em nossa sociedade. Foi obrigado a fazer um sólido escorço de nossa história constitucional recente, além de circunstanciado exame da sociedade contemporânea e das tendências de política criminal aplicáveis aos crimes econômicos. A crítica constitucional com que analisa as diferentes propostas político-criminais aplicáveis àqueles crimes é o ponto alto de sua obra, toda ela coerente internamente e que em nenhum momento afasta-se de sua história de vida.

Quando Leandro Sarcedo pediu-me para prefaciar a obra que ora se publica, lembrei imediatamente de nossa conversa sobre sua admiração pelo grande causídico, mas também pelo conceito de democracia que mais se aplicaria ao ideal de vida do autor. Não conseguiria, por certo, espelhá-lo, com minha limitação com as palavras. Por isso, recorri a Mário Quintana, poeta maior, que discorria em breve poema sobre "A Relativa Igualdade", título de sua curta e profunda reflexão: "Democracia? É dar, a todos, o mesmo ponto de partida. Quanto ao ponto de chegada, isso depende de cada um".

O autor foi longe e continua a pensar como um igual, que discorre sobre as diferenças.

São Paulo, outono de 2011.

Sérgio Salomão Shecaira
Professor Titular da USP

Introdução

O objetivo da presente dissertação é analisar criticamente as atuais principais propostas político-criminais aplicáveis à criminalidade econômica à luz do conteúdo axiológico da Constituição Federal de 1988, cujo corolário é a submissão da ordem econômica aos ditames da justiça social (artigo 170).

Trata-se a Constituição Federal de 1988 de uma Constituição dirigente, isto é, norteia ideologicamente a ação política do Estado brasileiro na concretização e na realização dos objetivos que estabelece. A República Federativa do Brasil autodefine-se como um Estado Democrático de Direito, que tem como um de seus fundamentos a cidadania. Além disso, consta do artigo 3º da Constituição a chamada cláusula transformadora, que estabelece como objetivos fundamentais a serem alcançados pela República a construção de uma sociedade livre, justa e solidária; a garantia do desenvolvimento nacional; a erradicação da pobreza e das desigualdades sociais.

A política criminal, como parte das estratégias de intervenção da política social – mais amplas –, utiliza-se de dados empíricos que lhe são fornecidos pela criminologia a respeito do atual estágio de desenvolvimento da sociedade contemporânea – cuja principal característica é o aprofundamento das desigualdades sociais entre os incluídos e os excluídos da sociedade de consumo como resultado da atividade econômica globalizada –, para indicar os caminhos a serem trilhados no enfrentamento da problemática envolvendo a criminalidade econômica, com sua vitimização massiva e sua afetação de bens jurídicos supraindividuais e sociais.

Não obstante, duas das principais propostas político-criminais para enfrentamento da criminalidade econômica na sociedade contemporânea, protagonizadas por Winfried Hassemer e por Jesús-María Silva Sánchez, trazem, em seu cerne, a ideia de conceder tratamento diferenciado a esse tipo de criminalidade.

Winfried Hassemer propõe tratar da criminalidade econômica dentro de um novo ramo do direito, denominado *"direito de intervenção"*, uma espécie de direito administrativo sancionador localizado fora da seara penal, que deverá ficar cingida ao seu núcleo duro, delimitado que é por uma tradição clássica (liberal) idealizada de defesa dos bens jurídicos individuais.

Jesús-María Silva Sanchez faz o diagnóstico da existência de *duas velocidades* no direito penal atual, quais sejam: a primeira velocidade, composta pelo assim denominado núcleo duro do direito penal, de origem clássica (liberal), ao qual se comina pena de prisão, mas se mantém intacta toda a rede de garantias constitucionais e processuais; e a segunda velocidade, que trata da criminalidade localizada fora do já referido núcleo duro do direito penal, à qual não se comina pena de prisão, mas permite, em contrapartida, a mitigação das garantias processuais e constitucionais conferidas ao acusado. Pela sua proposta, a criminalidade econômica deverá ser locada no âmbito desta segunda velocidade, ou seja, ao mesmo tempo em que o acusado tem suas garantias processuais flexibilizadas, não deveria haver pena de prisão cominada a este tipo de criminalidade.

De outra parte, há a proposta de responsabilização penal das pessoas jurídicas, hoje mais aceita mesmo pela doutrina penal mais tradicionalista, que trata da questão do controle da criminalidade econômica sob outros fundamentos e perspectivas ideológicas e criminológicas, fazendo preponderar imperativos de ordem prática da sociedade contemporânea sobre impedimentos impostos por tradicionais teorias do delito de caráter liberal.

Em vista disso, ganha importância o tema proposto na medida em que, diante do caráter dirigente da Constituição de 1988, como se poderia conviver, no Brasil, com a criação de duas ordens legais de tratamento da criminalidade: uma delas, gravosa, direcionada aos excluídos da sociedade de consumo, com cominação de pena de prisão, acrescida de toda carga estigmatizante que ela representa; outra, mais branda, direcionada aos incluídos na sociedade de consumo, em que não há pena de prisão e, até mesmo, fora do estigma do direito penal (como na proposta de Winfried Hassemer)?

Em que medida tais propostas político-criminais estariam contribuindo para que a Constituição de 1988 cumpra sua missão de submeter a ordem econômica aos ditames da justiça social (artigo 170) ou de erradicar a pobreza (artigo 3°)? Ou, na realidade, tais propostas estariam contribuindo para que a Constituição se distancie de tais objetivos? De outro lado, a possibilidade de responsabilização penal das pessoas jurídicas encontra respaldo valorativo e ideológico, embora não jurídico-legal, na Constituição dirigente de 1988?

Para atingir os objetivos a que se propõe, a presente dissertação é composta de cinco capítulos. Os quatro primeiros capítulos terão a finalidade de definir conceitos e premissas, os quais serão utilizados no quinto capítulo, quando a crítica constitucional às propostas político-criminais acima aludidas é realizada.

No capítulo 1, buscou-se reconstituir o momento histórico vivido pelo Brasil durante a Assembleia Constituinte de 1987-88, no qual a sociedade clamava, de um lado, por mais organização na vida econômica do país, e, de outro, pela melhor definição dos direitos e garantias dos cidadãos ante os abusos político-institucionais do Estado, ocorridos durante os vinte e um anos que perdurou o Regime Militar.

Em vista disto, demonstrou-se que a Constituição de 1988 é dirigente, consagrando fundamentos e valores que têm de ser concretizados pela ação política do Estado brasileiro. A finalidade deste capítulo é fixar a base valorativa e ideológica pela qual, no capítulo 5, é feita a crítica constitucional das propostas político-criminais acima aludidas.

No capítulo 2, objetivou-se descrever as principais características da sociedade contemporânea e da atividade econômica globalizada, com a finalidade precípua de possibilitar a compreensão das premissas teóricas das propostas político-criminais voltadas para a criminalidade econômica, as quais são analisadas criticamente no capítulo 5.

No capítulo 3, são delimitadas as conceituações de criminalidade econômica com que se pretende trabalhar, quais sejam, seus conceitos criminológico e jurídico. Além disso, em vista da vitimização massiva característica deste tipo de criminalidade, é tratada a problemática teórica a respeito do bem jurídico atingido pela criminalidade econômica, que é supraindividual ou social, assim como é feita sua interpretação valorativa de um ponto de vista constitucional. Tais delimitações também têm função de auxiliar na compreensão e na crítica das principais propostas político-criminais contemporâneas, atividades desenvolvidas no capítulo 5.

No capítulo 4, trata-se mais pormenorizadamente da política criminal e de sua integração com a política social na busca do controle social. É estudado, também, o caso específico da política criminal aplicável à criminalidade econômica, que em muito se diferencia das possibilidades e propostas político-criminais aplicáveis à chamada criminalidade de massa. Por fim, faz-se uma leitura da política criminal quando submetida ao ideário constitucional, de um lado limitada pela estrutura do Estado Democrático de Direito, e, de outro, submetida aos ditames da justiça social e comprometida pela construção de uma sociedade livre e justa.

No capítulo 5, são apresentadas as principais propostas político-criminais contemporâneas aplicáveis aos crimes econômicos (Winfried Hassemer, Jesús-María Silva Sanchez e responsabilidade penal das pessoas jurídicas), bem como é realizada uma análise crítica das mesmas, tendo em vista os conceitos trabalhados e fixados nos capítulos anteriores (Constituição dirigente, sociedade pós-moderna, criminalidade econômica e política criminal).

1. Estrutura constitucional brasileira e ordem econômica

1.1. Assembleia Nacional Constituinte de 1987-1988: momento histórico e a gestação de uma nova ordem constitucional

O objetivo a que se propõe a presente dissertação é discutir criticamente, à luz da Constituição de 1988 e de seu conteúdo ideológico e dirigente, algumas das principais propostas de política criminal aplicáveis à criminalidade econômica na sociedade contemporânea. Para isso, inicialmente, é preciso ter em mente as origens históricas da atual Constituição brasileira e também delimitar qual a sua efetividade e aceitação no seio da sociedade que com ela vem interagindo desde suas origens.

A fixação desse ponto de partida para o desenvolvimento dos estudos não significa que a vontade abstrata do constituinte constitua-se num indicativo único a ser seguido na interpretação do texto constitucional. Entretanto, nada obsta que possa ser um dos componentes que mereçam consideração quando se busca uma compreensão global sobre os programas embutidos na Constituição brasileira.

Além disso, o estudo do momento histórico em que a atual Constituição brasileira foi gestada – no seio da Assembleia Nacional Constituinte que se desenrolou nos anos de 1987 e 1988 –, assim como a compreensão da correlação das forças políticas então em combate e das regras em que se deram o debate constituinte, são ferramentas úteis na compreensão desse texto constitucional tão controverso, capaz de despertar paixões e ódios nos diversos estratos sociais até os dias atuais, quando já se vão mais de 20 anos desde a sua promulgação.

Há que se ter em conta, também, o retrato da sociedade brasileira que recepcionou esse texto fundamental e que vem, nos últimos vinte anos, buscando reformá-la ponto a ponto – desiderato já alcançado em diversos aspectos.

Enfim, por não pretender, a presente dissertação, aprofundar-se em demasia em discussões teoréticas próprias da hermenêutica constitucional, agrega ao seu ponto de partida a visão de Gilberto Bercovici no sentido de que a compreensão do conteúdo axiológico e do caráter dirigente da Constituição de 1988 deve ser proveniente de uma Teoria Constitucional brasileira, que tem em consideração a problemática política, social e econômica do nosso país.[1]

Para que se tenha, então, uma visão, ainda que limitada, a respeito do panorama em que estava imerso o Brasil quando se deram as discussões constituintes dos anos de 1987 e 1988, faz-se necessário retroagir ao ano de 1964, quando se instalou, no país, uma ditadura militar.

Baseava-se o Regime Militar então instalado numa indeterminada e onipresente Doutrina (ou Política) de Segurança Nacional e Desenvolvimento, forjada principalmente por Golbery do Couto e Silva no interior da Escola Superior de Guerra (ESG), a qual se fundamentava na necessidade de buscar o desenvolvimento do País a partir da garantia da "segurança interna" ante a ameaça representada pela "'ação indireta' do comunismo", numa ação estratégica em que as "fronteiras ideológicas" substituem, no conflito, as tradicionais "fronteiras territoriais". O inimigo a ser enfrentado é primordialmente

---

1   Transcrição da sua intervenção nas "Jornadas sobre a Constituição dirigente em Canotilho". In: COUTINHO, Jacinto Nelson de Miranda (org.). *Canotilho e a constituição dirigente*. 2ª ed. Rio de Janeiro: Renovar, 2005, p. 77-79.

interno, embora tenha sua ação manipulada ideologicamente pelas forças do "comunismo internacional".[2]

No decorrer dos quase 21 anos em que perdurou, o Regime Militar e a aplicação dessa Doutrina de Segurança Nacional trouxeram ao país absolutos e inegáveis retrocessos institucionais e políticos, ao mesmo tempo em que buscaram implantar um projeto de desenvolvimento econômico de efeitos bastante duvidosos e com consequências sociais inegavelmente catastróficas.

Tratando, primeiramente, do projeto de desenvolvimento econômico que se buscou implantar, importante salientar que referida política econômica "tinha o propósito de fazer crescer o bolo para só depois pensar em distribuí-lo. Alegava-se que antes do crescimento pouco ou nada havia para distribuir".[3]

De acordo com João Manuel Cardoso de Mello e Fernando Novais, o modelo econômico implementado pelo Regime Militar que se instalou no país a partir do Golpe de 1964 criou uma sociedade deformada em plutocrática, regida pela força do dinheiro e que se apoiava, "de um lado, na concorrência desregulada entre os trabalhadores, e, de outro, na monopolização das oportunidades de vida pelos situados no cimo da sociedade". A base do modelo, ao invés de se apoiar no aumento de renda dos trabalhadores como forma de distribuição da produção crescente de riquezas, apoia-se, isto sim, no esmagamento do poder aquisitivo das classes mais baixas com a finalidade de propiciar maiores lucros e melhores possibilidades de consumo de produtos e serviços para as classes média e alta.[4]

---

2   Verificar a respeito: ALVES, Maria Helena Moreira. *Estado e oposição no Brasil (1964-1984)*. Bauru: Edusc, 2005, p. 39-61.

3   FAUSTO, Boris. *História do Brasil*. 13ª ed. (1ª ed.: 1994). São Paulo: Edusp, 2008, p. 487.

4   MELLO, João Manuel Cardoso de; NOVAIS, Fernando. *Capitalismo tardio e sociabilidade moderna*. 2ª ed. São Paulo: Editora Unesp; Campinas: Facamp,

Tal concepção econômica acabou por aprofundar ainda mais as desigualdades sociais que já existiam, na medida em que, durante o período, foram abandonados os projetos sociais, bem como houve brutal concentração de renda.[5] O Brasil torna-se a sociedade mais desigual do mundo, a ponto do termo em inglês *brazilianization* passar a ser utilizado, em todo o mundo, como sinônimo de capitalismo selvagem e precarização das condições de trabalho.[6]

O grande endividamento externo do País[7] somado a duas crises internacionais do petróleo, as quais prejudicaram e muito a balança de pagamentos, e à consequente elevação das taxas internacionais de juros, deixaram ainda mais delicada a situação econômica brasileira.[8]

No final do Regime Militar, enquanto o Produto Interno Bruto brasileiro decresceu à razão média de 1,6% no triênio 1981-1983, a inflação ia ficando cada vez mais fora do controle, atingindo a marca de

---

2009, p. 69-83 (mais especificamente, página 69).

5 "Tomando-se como 100 o índice do salário mínimo de janeiro de 1959, ele caíra para 39 em janeiro de 1973. Esse dado é bastante expressivo se levarmos em conta que, em 1972, 52,5% da população economicamente ativa recebiam menos de um salário mínimo e 22,8%, entre um e dois salários." In: FAUSTO, Boris. *História do Brasil*, p. 487.

6 *Ibidem*, p. 81. À página 82 de referida obra, podem ser verificados os seguintes dados: "Entre 1960 e 1980, os 5% mais prósperos – o grande e médio empresariado, os altos executivos, profissionais de grande sucesso que prestam serviços aos ricos e uma parcela do pequeno empresariado – subiram sua participação na renda dos já elevados 28,3% para espantosos 37,9%. (...) Os 60% mais pobres, os trabalhadores subalternos do campo e das cidades, que, em 1960, detinham parcos 24,9%, passam aos escandalosos 17,8%, em 1980".

7 Durante o governo do General João Baptista Figueiredo, a dívida externa brasileira saltou de 43,5 bilhões de dólares em 1978 para 91 bilhões de dólares em 1984. In: FAUSTO, Boris. *História do Brasil*, p. 504.

8 "O brutal aumento das taxas de juros no mercado internacional, a partir de 1979, elevou os pagamentos líquidos de juros de 2,7 bilhões de dólares, em 1978, para 4,2 em 1979 e 6,3 em 1980, 8,3 em 1981 e 11 bilhões em 1982." In: FURTADO, Celso. *A nova dependência: dívida externa e monetarismo*. Rio de Janeiro: Paz e Terra, 1982, p. 40.

223,8% no ano de 1984. Nas palavras de Boris Fausto, "desenhou-se naqueles anos um quadro que se tornaria familiar aos brasileiros, chamado de 'estagflação', por combinar estagnação econômica e inflação".[9]

Goffredo Telles Junior bem sintetiza a delicada situação que a política econômica adotada pelo Regime Militar legou ao Brasil:

> O que eu via – o que todos viam – em nosso País, eram os efeitos sociais desastrosos do celebrado "milagre brasileiro". Sabíamos do colossal aumento da dívida externa, em razão dos empréstimos contraídos pelo Governo em bancos estrangeiros, para execução de obras mirabolantes, nunca terminadas. Sabíamos dos embaraços sem saída em que o Governo se enredou, com o contrato catastrófico da compra das usinas nucleares alemãs. E sabíamos, por informações que nos eram confiadas por amigos secretos, do pesadelo em que viviam as autoridades, em virtude da tormentosa e angustiante falta de fundos para o pagamento dos compromissos assumidos.[10]

Se, do lado econômico, o Regime Militar foi responsável pela implantação de um modelo que, embora tenha obtido relativo sucesso durante um curto período de tempo, teve consequências sociais deletérias, no plano político-institucional não há iniciativa tomada durante aquele período que não seja identificada com o atraso.

---

9   *História do Brasil*, p. 503.

10   FAUSTO, Boris. *Carta aos brasileiros de 1977: edição comemorativa do 30º aniversário da Carta.* São Paulo: Editora Juarez de Oliveira, 2007, p. 7.

Para ilustrar em definitivo a afirmação acima, basta dizer que são 380 (trezentos e oitenta) os mortos e desaparecidos políticos durante o Regime Militar.[11] Nada mais seria necessário.

No entanto, é possível, ainda, mencionar, como exemplo desse atraso político-institucional, a cassação arbitrária de muitos mandatos legitimamente concedidos pelo povo, sobressaindo-se, entre outros tantos, o episódio ocorrido em outubro de 1966, quando o Congresso Nacional foi invadido por tropas, após ter permanecido cercado por uma semana, em razão de que o então presidente da Câmara dos Deputados negava-se a dar cumprimento a mais uma extensa ordem de cassação oriunda do Poder Executivo.[12]

Ainda, o governo militar fez aprovar uma nova Carta no ano de 1967, sendo que o Congresso Nacional, após sofrer extensas cassações de seus membros, ter sido invadido e fechado, foi reconvocado por meio do Ato Institucional n° 4, a fim de aprovar um texto constitucional que lhe foi imposto e que coroava a ampliação dos poderes do Executivo que já se fazia presente em diversas legislações esparsas.[13]

---

11 Em: <www.desaparecidospoliticos.org.br>, sítio mantido pelo Centro de Documentação Eremias Delizoicov e pela Comissão de Familiares dos Mortos e Desaparecidos Políticos. Consulta realizada em 20/09/2008.

12 Episódio que ganhou descrição histórica inigualável em BONAVIDES, Paulo; PAES DE ANDRADE. *História constitucional do Brasil*. 3ª ed. Rio de Janeiro: Paz e Terra, 1991, p. 436-441. Num plano social mais amplo, anotam João Manuel Cardoso de Mello e Fernando Novais que, nos vinte e um anos que se seguiram ao Golpe de 1964, "o autoritarismo plutocrático fechou o espaço público, abastardou a educação e fincou o predomínio esmagador da cultura de massas. Sua obra destrutiva não se resumiu, pois, à deformação da sociedade brasileira pela extrema desigualdade. Legou-nos, também, uma herança de miséria moral, de pobreza espiritual e de despolitização da vida social. Eis a base de uma verdadeira tragédia histórica que se enraizou nas profundezas da alma de várias gerações". *Capitalismo tardio e sociabilidade moderna*, p. 85.

13 No que se relaciona à aprovação da Constituição de 1967, não se pode deixar de mencionar a pitoresca iniciativa do então Presidente do Congresso Nacional, senador Auro de Moura Andrade, que, premido pelo prazo que

Além disso, por meio do Ato Institucional nº 5, o Regime Militar chegou ao extremo limite de suspender a garantia do *habeas corpus* para os acusados de crimes contra a segurança nacional, bem como dos crimes contra a ordem econômica e social e contra a economia popular.

Foi com muitas dificuldades que, paralelo à escalada do curto--circuito econômico, social, político e institucional ocorrido no Brasil durante o período ditatorial, ganhou força o movimento de resistência oposicionista, o qual partiu do quase completo destroçamento ocorrido no período compreendido entre 1964 e 1969.

No entender de Paulo Bonavides e Paes de Andrade, "o período de transição da ditadura militar instalada em 1964 para a Nova República foi, certamente, o mais doloroso de todos quantos a história marcou em nosso país".[14]

A luta política encorpou-se durante a década de 70, ainda que somente possa ter sido travada em âmbito institucional dentro do MDB – Movimento Democrático Brasileiro, que se constituía no único espaço concedido pela ditadura militar para agregar os que dela discordavam, já que se impôs ao país um modelo bi-partidário.[15] O outro partido, que representava os interesses políticos do governo militar, era a ARENA, abreviatura de Aliança Renovadora Nacional.

Já no ano de 1971, um grupo progressista do MDB, que ficou conhecido como *autêntico*, lançou a *Carta do Recife*, na qual proclamava a necessidade da convocação de uma Assembleia Nacional Constituinte, vista como única forma de redemocratizar o país.[16]

---

lhe havia sido imposto pelo Executivo, mandou paralisar os relógios da Casa, a fim de que não se esgotasse o prazo sem que tivesse terminado a votação. SILVA, José Afonso da. *Poder constituinte e poder popular (estudos sobre a Constituição)*. 1ª ed. São Paulo: Malheiros, 2007, p. 106).

14 *História constitucional do Brasil*, p. 444.

15 Ato Institucional nº 2, de 27 de outubro de 1965.

16 BONAVIDES, Paulo; PAES DE ANDRADE. *História constitucional do Brasil*, p. 445.

Em fins de 1973 e início de 1974, o MDB, com a finalidade de demarcar indelevelmente sua postura oposicionista no jogo político--institucional, lança "anticandidatos" para concorrer à presidência e à vice-presidência da República,[17] mesmo ciente da completa impossibilidade de vencer a candidatura do Regime Militar (da ARENA, por consequência).

Àquela altura, iniciou-se o processo de abertura política que o próprio general presidente denominou lenta, gradual e segura.

No entanto, a linha-dura do Regime continuava a desrespeitar sistematicamente não só as diretrizes políticas do governo, mas também os cânones da hierarquia militar, porquanto qualquer oficial de patente inferior, desde que inserido no aparelho repressor, detinha, em suas mãos, poder de decisão maior do que muitos dos seus superiores hierárquicos, fato que o deixava fora de qualquer controle e desestabilizava as próprias Forças Armadas.

Nesse clima de instabilidade política, de avanços e recuos do Regime e da oposição, é que ocorreram os assassinatos de jornalista Vladimir Herzog (outubro de 1975) e do metalúrgico Manoel Fiel Filho (janeiro de 1976), numa clara afronta da linha-dura do Regime à distensão política pretendida pelo governo.

No campo político, havia preocupação, no interior do governo, com o quadro que se desenhava para as eleições municipais agendadas para novembro de 1976, nas quais as possibilidades de uma fragorosa derrota da ARENA eram reais. Em julho de 1976, foi aprovada a chamada Lei Falcão, que ganhou este nome em "homenagem" ao Ministro da Justiça que a concebeu. Por meio da referida lei, modificou-se a legislação eleitoral, barrando o acesso de candidatos ao rádio e à televisão. Visava-se, com isso, a impedir o acesso do MDB

---

17 Respectivamente, Ulysses Guimarães e Barbosa Lima Sobrinho (então presidente da Associação Brasileira de Imprensa-ABI).

e de suas ideias aos meios de comunicação de massa. "Mesmo assim, o MDB venceu as eleições para prefeito e conquistou maioria nas câmaras municipais em 59 das cem maiores cidades do país."[18]

Diante desse quadro político, o governo não conseguia mais se movimentar com a liberdade que pretendia. Assim, logo após ter sofrido uma derrota na votação para aprovar alterações constitucionais que propusera ao Congresso Nacional, oportunidade em que não conseguiu obter os dois terços necessários, o general presidente baixou o famigerado "Pacote de Abril" (Emenda Constitucional nº 8, de 14 de abril de 1977).

Por meio do "Pacote de Abril", o Congresso Nacional foi colocado em recesso, a Constituição foi emendada como pretendia o Poder Executivo e foram baixados diversos decretos-leis. Estendeu-se a abrangência da Lei Falcão, assim como o mandato de presidente da República passou de cinco para seis anos.

Criou-se, também, a figura do "senador biônico", que não seria eleito pelo voto direto da população, mas sim num colégio eleitoral, o que tornava muito difícil a vitória da oposição. Dessa forma, o governo militar sempre teria maioria qualificada no Senado Federal.

Outra medida de impacto no cenário político nacional foi a alteração do critério proporcional de representação da Câmara dos Deputados. Os estados do Norte e do Nordeste, onde a ARENA tinha prevalência eleitoral, passaram a eleger proporcionalmente mais deputados que os estados do Centro-Sul do país, onde o MDB tinha uma força maior. O objetivo da medida era assegurar ao Regime maioria confortável também nesta Casa Legislativa.

Paralelamente a isso, o governo prosseguiu em seu intento de distender lenta, segura e gradualmente o quadro político do país, sendo que, em agosto de 1979, fez aprovar no congresso a chamada

---

18 FAUSTO, Boris. *História do Brasil*, p. 492-493.

Lei da Anistia, que permitiu o regresso das lideranças políticas que haviam sido cassadas durante os quinze anos que já perdurava o Regime Militar.[19]

Na sequência, o governo fez aprovar, também, a Emenda Constitucional nº 11, em agosto de 1978, que revogou o Ato Institucional nº 5, o qual havia sido incorporado à Carta. A partir de 1º de janeiro de 1979, quando referida Emenda Constitucional entrou em vigor, o Poder Executivo já não podia mais colocar o Congresso Nacional em recesso, cassar mandatos ou direitos políticos, dentre outras possibilidades previstas no AI-5.

Em contrapartida, a linha-dura do Regime continuava, ainda que atabalhoadamente, a tentar conter os avanços rumo ao restabelecimento da democracia. Exemplos disso foram o sequestro de Dalmo de Abreu Dallari (2 de julho de 1980), a carta-bomba enviada à sede da OAB (que vitimou uma funcionária com 40 anos de serviço, em 27 de agosto de 1980) e o caso Riocentro (ocorrido em 30 de abril de 1981, oportunidade em que uma bomba, que deveria explodir numa apresentação musical que congregava milhares de jovens, acabou explodindo ainda no interior do veículo que a transportava, vitimando um sargento, que morreu, e um capitão do exército, gravemente ferido).

---

19 Mais amplo do que o período em que vigorou o chamado Regime Militar, que se iniciou em 1º de abril de 1964, o alcance da Lei da Anistia estende-se até 2 de setembro de 1961, data histórica em que o Congresso Nacional aprovou Emenda Constitucional instituindo o Parlamentarismo como forma de governo do Brasil. Tal manobra política permitiu a posse de João Goulart como presidente da República, cargo que se encontrava vago desde a inopinada renúncia do presidente eleito Jânio Quadros, ocorrida em 25 de agosto daquele mesmo ano, e é vista como saída política conciliatória do embate travado entre as forças militares que não aceitavam a posse do Vice-presidente, tido por "comunista", e a chamada Rede da Legalidade, comandada por Leonel de Moura Brizola, que defendia a correta aplicação do texto constitucional de 1946.

POLÍTICA CRIMINAL E CRIMES ECONÔMICOS   31

Entrementes, o multipartidarismo foi reinstaurado no país e, no ano de 1982, foram realizadas eleições diretas para todos os cargos políticos, menos o de presidente da República. Embora a realização dessas eleições tenha sido engendrada com a finalidade de consolidar o poder do partido político que dava sustentação ao governo militar (então PDS, que sucedeu a ARENA), inclusive por meio da adoção do chamado voto vinculado,[20] o que acabou ocorrendo, na realidade, foi o retumbante aumento das representações e das bancadas dos partidos de oposição (principalmente do PMDB, sucessor do MDB).

Mas a necessidade e a vontade de eleger diretamente o novo presidente da República entranhavam-se por todo o povo brasileiro, que, no ano de 1984, ordeira e entusiasticamente tomou as ruas do país no movimento que ficou conhecido como *Diretas Já*, o qual contava com o apoio decisivo de várias instituições caras à sociedade civil organizada, tais como a Ordem dos Advogados do Brasil (OAB), a Conferência Nacional dos Bispos do Brasil (CNBB), além de federações e sindicatos de trabalhadores. Não obstante a incontroversa vontade das multidões, a chamada *"Emenda Dante de Oliveira"*, que propunha a realização imediata de eleições diretas para presidente da República, não obteve o quórum de dois terços da Câmara Federal para ser aprovada.[21]

---

20 De acordo com Boris Fausto, com o voto vinculado, "o eleitor era forçado a escolher candidatos de um mesmo partido em todos os níveis de representação, de vereador a governador. O voto em candidatos de partidos diferentes seria considerado nulo". Cfe. *História do Brasil*, p. 508.

21 Conforme <http://almanaque.folha.uol.com.br/brasil_26abr1984.htm>, sítio no qual se reproduz a edição do jornal Folha de S. Paulo que circulou no dia 26 de abril de 1984, consultado em 24 de setembro de 2008. Embora a Emenda Dante de Oliveira tenha obtido expressiva vitória no Congresso Nacional com 298 votos favoráveis e 65 votos contrários, inclusive tendo recebido expressiva adesão do PDS (54 deputados), faltaram-lhe 22 votos para ser aprovada com os necessários dois terços daquela Casa. De qualquer forma, mesmo que aprovada pela Câmara dos Deputados, dificilmente referida

Ainda que indireto, o pleito presidencial, que seria realizado em 15 de janeiro de 1985, continuou a motivar a mobilização nacional pela eleição de um presidente civil e que não fosse ligado ao Regime Militar iniciado em 1964. Dessa vez, não houve manobra militar ou política que impossibilitasse a vitória do candidato opositor ao Regime Militar, para satisfação, pelo menos em parte, das massas que exigiram eleições diretas pouco antes. Tancredo de Almeida Neves, candidato do PMDB, derrotou, no Colégio Eleitoral, Paulo Salim Maluf, candidato do PDS, por 480 a 180 votos,[22] dando início ao que se convencionou chamar de *Nova República*.

Entretanto, para decepção dos milhões de brasileiros que acompanhavam arrebatados essa sucessão de acontecimentos, Tancredo Neves não chega a ser empossado presidente da República, pois, na madrugada do dia 15 de março de 1985, teve de se submeter, às pressas, a uma cirurgia, e depois a diversas outras, num quadro médico que se complicava dia-a-dia e que redundou em seu falecimento em 21 de abril de 1985.

Numa manobra política emergencial, que objetivava, principalmente, não interromper o processo sucessório e não dar azo a uma reinvestida do aparato militar (tendo sido, por isto, pré-aprovada pelos então ministros militares), deu-se posse ao então vice-presidente eleito, José Ribamar Ferreira de Araújo Costa, o José Sarney, o qual não contava com a confiança das forças políticas que historicamente opuseram-se ao Regime, uma vez que era oriundo da ARENA e do

---

Emenda Constitucional teria a mesma sorte no Senado, dada a sua composição mais conservadora, inclusive contando com senadores biônicos nomeados pelo Regime.

22 Cfe. <http://almanaque.folha.uol.com.br/brasil_16jan1985.htm>, sítio no qual se reproduz a edição do jornal Folha de S. Paulo que circulou no dia 16 de janeiro de 1985, consultado em 24 de setembro de 2008.

PDS, tendo sido lançado candidato à vice-presidência por indicação da chamada Frente Liberal.

Não obstante, José Sarney acabou consolidado na posição efetiva de primeiro presidente civil do Brasil após 21 anos de Ditadura Militar e teve papel importante na transição democrática que resultou na convocação da Assembleia Nacional Constituinte e, consequentemente, na promulgação da Constituição da República Federativa do Brasil em 5 de outubro de 1988.

Em vista dos fatos brevemente historiados acima, vê-se que o ambiente vivido pela sociedade brasileira durante a década de 1980 é o que a teoria constitucional chama de "situação constituinte, ou seja, situação que se caracteriza pela necessidade de criação de normas fundamentais, traduzidas numa nova constituição que consagrasse nova ideia de direito e nova concepção de Estado, informado pelo princípio da justiça social".[23]

De um lado, era anseio da sociedade brasileira um mínimo de ordem na execução das atividades econômicas no país, por meio de um novo modelo que privilegiasse a justiça social.[24] De outro lado, também era exigência social a construção de uma rede de garantias ao cidadão, para que não mais ficasse sujeito aos abusos e autoritarismos que marcaram o Regime Militar.

Sintetizando um sentimento que permeou a sociedade nos anos que o seguiram, Goffredo Telles Junior, em sua *Carta aos Brasileiros*, datada de 8 de agosto de 1977, asseverou: "*nós* queremos segurança e

---

23 SILVA, José Afonso da. *Poder constituinte e poder popular (estudos sobre a Constituição)*, p. 107-108.

24 Verificar: CORACINI, Celso Eduardo Faria. Contexto e conceito para o direito penal econômico. *Revista dos Tribunais*, São Paulo, ano 93, n° 829, novembro de 2004, p. 430-431.

desenvolvimento. *Mas queremos segurança e desenvolvimento* dentro do *Estado de Direito*".[25]

Dalmo de Abreu Dallari, em obra datada daquele período histórico, afirmava que "o grande desafio que se põe para o constituinte de hoje é conseguir disciplinar o poder econômico, para que ele não impeça a construção de uma ordem social em que todos os seres humanos sejam livres e iguais".[26]

Aquele momento de transição exprimia verdadeira *vontade social*, instalando-se no país a necessidade de se manifestar sobre os pilares da República que estava sendo refundada, ou, em outras palavras, havia a premência do exercício do *poder constituinte originário*, cujo debate a respeito tomou as ruas, os órgãos representativos da sociedade civil, o debate político e a academia.

No entanto, a despeito do clima propenso ao verdadeiro exercício do poder constituinte originário, não houve a convocação de uma genuína Assembleia Nacional Constituinte, mas sim de um Congresso Constituinte, na medida em que, por meio da Emenda Constitucional nº 26, de 27 de novembro de 1985, convocaram-se as instituições preexistentes, isto é, a Câmara dos Deputados e o Senado Federal,[27] cujos integrantes seriam eleitos no ano seguinte não só para cuidar da política ordinária, mas também para exercer, de forma unicameral, o poder constituinte e elaborar a nova Constituição,[28] a partir de 1º de fevereiro de 1987.

---

25 *Carta aos brasileiros de 1977: edição comemorativa do 30º aniversário da Carta*, p. 85.

26 *Constituição e constituinte*. 2ª ed. São Paulo: Saraiva, 1984, p. 83.

27 Quando a Assembleia Nacional Constituinte foi convocada, o Senado Federal ainda contava com os chamados senadores biônicos, figura política esdrúxula criada pelo "Pacote de Abril".

28 SILVA, José Afonso da. *Poder constituinte e poder popular (estudos sobre a Constituição)*, p. 108.

Dessa forma, a Assembleia Nacional Constituinte acabou sendo composta por 487 deputados federais e 49 senadores eleitos em 15 de novembro de 1986, aos quais foram outorgados poderes específicos para promulgar a nova Constituição do Brasil, mais 23 senadores eleitos em 15 de novembro de 1982, que não haviam sido eleitos para tal finalidade. Embora nem todos tenham sido eleitos para fazer a Constituição, é certo que a esmagadora maioria da Assembleia o foi, havendo consentimento popular para tanto.

A respeito da composição da Assembleia Nacional Constituinte, bem como do momento histórico e do clima político em que se exerceu o Poder Constituinte, assinala José Afonso da Silva:

> (…) Melhor teria sido convocar uma Assembleia Nacional Constituinte exclusiva, no sentido de que não tivesse vínculo algum com os poderes legislativos que compõem o Congresso Nacional. Foi essa, no entanto, a Constituinte politicamente possível. Nem por isso a Constituição deixa de ser produto do constituinte originário, ainda que atuado com imperfeição.[29]

A Assembleia Nacional Constituinte, presidida pelo deputado Ulysses Guimarães, reuniu-se entre 1º de fevereiro de 1987 e 5 de outubro de 1988, quando então a Constituição foi promulgada, encerrando-se o período de transição democrática iniciado em fins da década de

---

29 *Comentário contextual à Constituição.* 5ª ed., de acordo com a Emenda Constitucional 56, de 19/12/2007. São Paulo: Malheiros, 2008, p. 23. Em sentido contrário, Manoel Gonçalves Ferreira Filho defende que não houve manifestação do Poder Constituinte originário, na medida em que inexistiu uma ruptura revolucionária que condicionasse a sua manifestação. Para referido autor, houve somente alteração no procedimento de modificação da Constituição. Verificar: *Curso de direito constitucional.* 21ª ed. revista. São Paulo: Saraiva, 1994, p. 27-28.

1970 e recolocando o País no trilho da normalidade político-institucional do qual havia sido arrancado com o golpe militar de 1964.

O trabalho de elaboração da Constituição de 1988 foi colossal. Inexistia um projeto inicial que embasasse os trabalhos constituintes,[30] os quais eram exercidos pelos congressistas ao mesmo tempo em que se ocupavam das questões políticas ordinárias e cotidianas, na medida em que seus mandatos cumulavam também essa obrigação.

De acordo com discurso do presidente da Assembleia Nacional Constituinte, deputado Ulysses Guimarães, proferido na sessão de promulgação da Constituição, o qual é transcrito em parte por Adriano Pilatti, foram apresentadas 61.020 emendas parlamentares ao texto constitucional, alem de 122 emendas populares, "algumas com mais de um milhão de assinaturas".[31] Assinala, ainda, o referido autor que as 122 emendas populares apresentadas reuniram, ao todo, 12.277.323 assinaturas, sendo que foram admitidas 89 delas para discussão em plenário, e rejeitadas 39 por não atingirem 30.000 assinaturas ou a chancela de três entidades associativas.[32]

Houve, também, significativa participação popular no processo constituinte de 1987-88, de forma organizada, por meio de associações de classe, sindicatos etc., ou mesmo individual, por meio de sugestões escritas, montanhas de cartas enviadas aos parlamentares

---

30 Foi constituída, em julho de 1985, pelo Poder Executivo, uma Comissão Provisória de Estudos Constitucionais, que recebeu a denominação de *Comissão de Notáveis*, ou *Comissão Afonso Arinos*, em razão de seu presidente. Tal Comissão apresentou virtuoso anteprojeto de Constituição ao presidente José Sarney, que, no entanto, decidiu não o encaminhar à Assembleia Nacional Constituinte, por dele discordar em diversos pontos, inclusive pela opção parlamentarista nele proposta. Verificar: BARROSO, Luís Roberto. *Curso de direito constitucional contemporâneo: os conceitos fundamentais e a construção do novo modelo*. São Paulo: Saraiva, 2009, p. 118.

31 *A constituinte de 1987-1988 – progressistas, conservadores, ordem econômica e regras do jogo*, p. 309.

32 *Idem, ibidem*, p. 158.

etc. Dessa intensa participação, derivou uma maneira pretensamente mais eficaz de influir na vontade parlamentar, principalmente no que se referia à proteção dos grandes interesses econômicos, que foi a formação dos chamados grupos de *lobby*.

A composição da Assembleia Nacional Constituinte tinha maioria conservadora, tendo sido sua ação beneficiada pela articulação advinda do seio do próprio governo do presidente Sarney, que deu origem ao chamado *Centrão*.

No entanto, é importante ter em mente a advertência de Paulo Bonavides e Paes de Andrade:

> Através dessas votações e da posição assumida pelos constituintes, conclui-se que o perfil da Constituinte de 1987-1988, embora conservadora, tem características muito especiais, às vezes, até mesmo contraditórias, refletindo interesses grupais ou regionais em detrimento do essencial, mas, na realidade, representando a Sociedade no seu conjunto, com todas as suas intranquilidades, preocupações, instabilidade e deficiências de formação e de prática política.[33]

Tanto assim que, não obstante o intenso embate entre as forças políticas de tendências opostas durante os trabalhos constituintes, no

---

33 *História constitucional do Brasil*, p. 474. No mesmo sentido, PILATTI, Adriano. *A constituinte de 1987-1988 – progressistas, conservadores, ordem econômica e regras do* jogo, p. 311: "(…) eleita num contexto que garantiu ampla maioria a uma aliança governamental em que predominavam quadros conservadores, a Assembleia Nacional Constituinte de 1987-88 desencaminhou-se, desprendendo-se dos desígnios de seus primeiros criadores. O resultado de seus trabalhos acabou por parecer mais afeiçoado ao modelo desejado pelas forças progressistas minoritárias em seu interior do que ao modelo pretendido pelo conservadorismo majoritário que a partejou".

que eram pertinentes às garantias fundamentais do cidadão, elenca-das no Título I da Constituição, quase não houve dissenso, tendo sido os seus artigos aprovados, em primeiro turno, pela expressiva marca de 480 votos a favor, nove contra e quatro abstenções.[34] Ficava cla-ro que, independentemente da corrente política, havia consolidado consenso a respeito da impossibilidade de o cidadão brasileiro ver-se desamparado ante os abusos contra ele praticado pelos próprios agen-tes do Estado.

Com relação às votações concernentes à ordem econômica no texto constitucional, já não houve o consenso ocorrido durante a sis-tematização e a votação do ponto referente aos direitos fundamentais.

A Comissão VI, que tratou da ordem econômica, era composta por 65 titulares, dos quais 40 parlamentares compunham o bloco conserva-dor (15 do PFL, quatro do PDS, dois do PTB, um do PL, um do PDC e 17 do PMDB), 21 eram do bloco progressista (três do PDT, dois do PT, um do PCB, um do PCB, um do PSB e 13 do PMDB), sendo que os quatro restantes eram *moderados* do PMDB. Dividia-se, a Comissão VI, em três subcomissões, quais sejam: VI-A) Subcomissão Princípios Gerais, Intervenção do Estado, Regime da Propriedade do Subsolo e Atividade Econômica; VI-B) Subcomissão da Questão Urbana e Transporte; VI-C) Subcomissão da Política Agrícola e Fundiária e da Reforma Agrária.[35]

---

34 BONAVIDES, Paulo; PAES DE ANDRADE. *História constitucional do Brasil*, p. 464.

35 PILATTI, Adriano. *A constituinte de 1987-1988 – progressistas, conservadores, ordem econômica e regras do jogo*, p. 123-124 e 319-320. Ainda de acordo com referido autor (p. 13-14), o critério para classificar os parlamentares do PMDB como "progressistas" decorreu do alinhamento dos mesmos às decisões do líder da bancada do partido entre março de 1987 e junho de 1988, senador Mário Covas, bem com sua identificação com as propostas por ele defendidas de alteração do *status quo*. A maioria do PMDB, que se rebelou contra as de-liberações do líder do partido e depois se alinhou às deliberações do chamado *Centrão*, teve os seus membros classificados como "conservadores".

As reuniões da Comissão VI foram sempre bastante acaloradas, chegando a registrar apupos vindos das galerias que se encontravam abertas ao público, objetos atirados das galerias contra os constituintes, supressão dos microfones da mesa diretora dos trabalhos pelos constituintes, inutilização de papéis e documentos da mesa diretora e, até mesmo, agressões físicas entre os parlamentares.

No entanto, toda a resistência oposta pelo bloco progressista não conseguiu impedir a aprovação de um texto francamente conservador pela Comissão VI.

Entrava em cena, então, a chamada Comissão de Sistematização, responsável por elaborar e apresentar à Assembleia Nacional Constituinte um Projeto de Constituição. Sua existência, na prática, acabou por reduzir, e muito, o espaço deliberativo e decisório do chamado baixo clero parlamentar,[36] equilibrando o jogo de forças políticas que se encontravam em ação.

No período em que funcionou a Comissão de Sistematização, 26 de junho a 18 de novembro de 1987, o País passava por graves tensões sociais, políticas e econômicas. O Plano Cruzado[37] já havia ruído, e com ele a esperança da estabilização da economia. Os trabalhos da Assembleia Nacional Constituinte pareciam intermináveis ao cidadão comum, acostumado aos rápidos processos decisórios inerentes à tradição autoritária brasileira. A pressão midiática era tão grande sobre os trabalhos constituintes, que algumas matérias foram consideradas aprovadas pela Comissão de Sistematização por decurso de prazo. O governo Sarney, por seu turno, desvirtuava ainda mais a práxis polí-

---

36 Dos 559 constituintes, apenas 93 integravam a Comissão de Sistematização. Cfe. *op. cit.*, p. 147.

37 Plano econômico que tinha como meta principal acabar com a chamada inflação inercial por meio do congelamento de preços, mas sem se preocupar com o equilíbrio das contas públicas. Verificar em FAUSTO, Boris. *História do Brasil*, p. 522-523.

40 LEANDRO SARCEDO

tica nacional no afã de conseguir aprovar o mandato de cinco anos. Criavam-se os chamados *trens da alegria*,[38] que tanto escandalizavam a opinião pública.

Faltava à Assembleia Nacional Constituinte um Anteprojeto de Constituição. Apenas existiam, àquela altura, os Capítulos aprovados por cada uma das Comissões temáticas,[39] alguns dos quais guardavam graves incompatibilidades com os demais. Em vista disso, o relator da Comissão de Sistematização, deputado Bernardo Cabral, aproveitando-se da concentração de poderes que gozava, apresentou, à referida Comissão, Anteprojeto muito mais liberal do que a soma dos Capítulos deliberados em cada uma das Comissões temáticas.

Como já se disse, a Comissão de Sistematização congregava pouco menos de 20% dos constituintes (93), relegando ao ócio a esmagadora maioria deles (466). Pouco antes da indicação dos parlamentares que deveriam compor a Comissão de Sistematização, o PMDB, maior partido da Assembleia Nacional Constituinte, realizou Convenção Nacional, na qual os progressistas tiveram destacadas vitórias, pautando a ação e a representação do partido nos trabalhos constituintes. Em vista disso, a correlação das forças políticas que compunham a Comissão de Sistematização acabou distorcida em relação à composição global de forças da Assembleia Nacional Constituinte. Eram 46 constituintes titulares conservadores, 11 constituintes titulares

---

38 Nos meios de comunicação, ficaram originariamente conhecidas como *trens da alegria* as viagens internacionais empreendidas pelo ex-presidente José Sarney, ou com a autorização dele, fazendo-se acompanhar de enormes comitivas formadas por aliados políticos. Após, a expressão generalizou-se e ganharam essa alcunha todas as iniciativas que redundavam em benefícios ilegítimos ou privilégios à classe política, a interesses econômicos ou corporativos, ou a funcionários públicos, em prejuízo do Erário.

39 Uma das Comissões – a de número VIII –, que deveria tratar do Capítulo da Família, da Educação, Cultura e Esportes, da Ciência e Tecnologia e da Comunicação, nada aprovou. Cfe. PILATTI, Adriano. *A constituinte de 1987-1988 – progressistas, conservadores, ordem econômica e regras do jogo*, p. 149 e 320.

moderados e 36 constituintes titulares progressistas.[40] O bloco conservador, por si só, não contava com maioria absoluta (47 votos) no âmbito da Comissão de Sistematização, ao contrário do que ocorria no Plenário ou mesmo do que já tinha ocorrido no âmbito das Comissões e Subcomissões temáticas.

O gigantismo das deliberações que necessitavam ser tomadas no âmbito da Comissão de Sistematização, uma vez que não existia um Anteprojeto de Constituição, fez com que as votações atravancassem de forma preocupante. Isso abriu espaço para a solução de conflitos por meio de acordos entre as lideranças partidárias, o que acabou, por um lado, diminuindo, ainda mais, o grupo parlamentar com capacidade decisória e, por outro, aumentando o poder dos pequenos partidos, principalmente os de esquerda.

Em vista de todas essas peculiaridades que cercaram os trabalhos desenvolvidos pela Comissão de Sistematização, a ação do bloco progressista mostrou-se mais organizada e eficaz, fazendo aprovar um Anteprojeto de Constituição muito mais próximo de seus interesses do que a soma dos Capítulos aprovados pelas Comissões temáticas, grandemente influenciadas pelo predomínio numérico conservador.

A reação mais forte e organizada da maioria conservadora, impulsionada pela articulação do chamado Centrão, somente foi tomando mais força e organização quando os trabalhos das Subcomissões temáticas, da Comissão de Sistematização e as próprias votações em primeiro turno já estavam bastante adiantados. Após a consolidação do texto votado em primeiro turno pela Assembleia Nacional Constituinte, o qual foi fortemente influenciado pela agenda das correntes progressistas, começava a aproximar-se a data das eleições municipais. Isso foi tornando mais e mais constrangedor promover alterações em pontos cruciais do texto constitucional, principalmente aqueles que garantiam

---

40 *Op. cit.*, p. 168.

direitos substantivos à população, iniciativa que poderia ser tomada como impopular e que afetava os interesses eleitorais da maioria conservadora que preferia autocolocar-se no centro, e não à direita, do quadro político.[41]

De qualquer forma, a ação do *Centrão*, articulada pelo governo Sarney, na prática não se mostrou tão organizada quanto parecia a princípio. Criado com esse nome como reação ao predomínio progressista nos trabalhos da Comissão de Sistematização e com a finalidade precípua de alterar o Regimento desta Comissão, o *Centrão* entrou em acentuado declínio em maio de 1988, quando o plenário da Assembleia Nacional Constituinte rejeitou por 279 contra 210 votos o projeto do bloco para o Capítulo da Constituição referente à Ordem Econômica.[42]

A partir de então, todos os atos procedimentais que se seguiram correram a toque de caixa, sem alterar muito o conteúdo básico do que já havia sido definido pela Comissão de Sistematização.

No dia 5 de outubro de 1988, finalmente, o Brasil pôde conhecer a versão final de sua nova Constituição. Encerrava-se o ciclo de reabertura democrática iniciado dez anos antes. Aquele momento representava a esperança de superação do atraso político-institucional que caracterizou o período histórico anterior, sinalizando quais deveriam ser os caminhos da sociedade brasileira a partir de então.

Embora fosse um texto que mirasse o futuro, também não deixava descuidado o passado. Introduziu no país um equilíbrio entre os Poderes da República nunca antes conhecido, o que redundou num equilíbrio institucional que já perdura por duas décadas, tendo

---

41 *Op. cit.*, p. 314-315.

42 BONAVIDES, Paulo; PAES DE ANDRADE. *História constitucional do Brasil*, p. 460-462.

resistido a cinco eleições presidenciais, fato raro na história republicana brasileira.

Os caminhos para o futuro que a Constituição de 1988 indicou são iluminados pela experiência histórica vivida naquele momento, de maneira que o texto constitucional voltou-se para as questões da cidadania, para as garantias do cidadão, para a realização política, institucional e econômica pautada pelos ideais da justiça (social, inclusive).

A ordem constitucional instaurada em 1988 também enfrentou, durante o seu processo de implantação, aceitação e amadurecimento, duras mudanças no panorama político mundial, simbolizados pela queda do Muro de Berlim em 1989 e com o fim da União Soviética logo depois. Ganhava espaço a ideia de *"fim da história"*,[43] ou seja, disseminou-se a crença, durante toda a década subsequente à promulgação da Constituição, na vitória final do capitalismo e do (neo) liberalismo econômico contra as correntes políticas comunistas e socialistas.

Embaladas pela crença nesse consenso mundial, as correntes conservadoras, que haviam ficado descontentes com a versão final do texto constitucional aprovada por eles mesmos, iniciaram um enorme ciclo de reformas no texto constitucional. Enxertaram, no texto constitucional, 62 Emendas, sendo 56 ordinárias e seis revisionais.[44] Mais uma vez, graças ao equilíbrio político implantado pelo texto constitucional, o espaço institucional brasileiro não sofreu abalos.

Não obstante essas Emendas, que alteraram principalmente elementos do capítulo constitucional atinente à ordem econômica, o cerne do texto constitucional não se alterou. Permanece a Constituição

---

43 Expressão que, embora tenha ganho grande disseminação em seu uso, é originariamente atribuída a Francis Fukuyama, cientista político estadunidense muito influente durante o governo de Ronald Reagan.

44 TAVARES, André Ramos (org.). *1988-2008: 20 anos da constituição cidadã*. São Paulo: Imprensa Oficial do Estado de São Paulo, 2008, p. 284-301.

de 1988 sendo o alicerce da sociedade e dos cidadãos brasileiros através de sua moldura de direitos sociais e de garantias individuais, voltadas à proteção da dignidade da pessoa humana, na mesma medida em que permanece sendo o farol que deve guiar o projeto de desenvolvimento econômico, institucional e político nacional, através de sua inquebrantável sinalização de que a justiça, em seus vários aspectos, deve ser o fim último a ser alcançado pelo Estado brasileiro.

1.2. Constituição da República de 1988: uma Constituição dirigente

Gestada dentro do período histórico com as características acima esmiuçadas, a Constituição da República Federativa do Brasil, promulgada em 5 de outubro de 1988, trouxe, em si, dois conteúdos principais, quais sejam, uma rede de garantias e direitos fundamentais concedidos ao cidadão, com vistas a que os abusos estatais cometidos durante o governo militar não se repetissem, e uma pormenorizada gama de mandamentos econômicos e sociais, enfatizando um modelo nacional de desenvolvimento econômico, com vistas a alcançar a justiça social e, desta forma, corrigir o desastroso rumo que a economia havia tomado.

A Constituição de 1988, em vista dessas características, foi classificada pelos estudiosos da teoria da Constituição como uma *Constituição dirigente.*

Nos dizeres de Manoel Gonçalves Ferreira Filho, Constituição dirigente é aquela que estabelece um "plano *para dirigir uma evolução futura*", "*um* ideal *a ser concretizado*", valendo-se, para tanto, de *normas programáticas.* Acrescenta, ainda, que a ideia da Constituição dirigente é defendida principalmente por juristas de inspiração marxista, que veem nela um meio da implantação progressiva de um Estado socialista, num primeiro momento, e comunista, ao final.[45]

Entretanto, mais importante do que classificação que se pretenda conceder à Constituição de 1988, como adverte Gilberto Bercovici, é imperioso que a compreensão do texto constitucional seja feita dentro do contexto social e político concreto em que ele está inserido, na medida em que, ao exercer o papel de ordem jurídica fundamental, conforma e determina o conteúdo de todo o ordenamento jurídico.[46]

Além disso, a Constituição dirige-se não somente às atividades e à estrutura do Estado, mas é também a lei fundamental da sociedade, encontrando-se inserida em seu contexto histórico e político.

A Constituição de 1988, dessa forma, deve ser vista além de seu conteúdo formal, ou seja, a partir de seu conteúdo concreto, destinada que é a legitimar a República do Brasil como Estado social, por meio da transformação da sociedade, fundamentada na justiça social e na erradicação da pobreza.

Sendo assim, as normas constitucionais somente podem ser consideradas efetivas quando seus objetivos tenham sido alcançados, isto é, quando houver a concreção, no mundo real, do comando normativo constitucional.

Chama-se de Constituição dirigente aquela imbuída do compromisso de transformar a realidade social em que foi promulgada e na qual tem sua vigência. Em outras palavras, deve ela nortear permanentemente as ações do Estado, exigindo-lhe que sempre siga a direção indicada.

Para José Joaquim Gomes Canotilho, o dirigismo constitucional inclui não só imposições legiferantes, mas também os direitos

---

45 FERREIRA FILHO, Manoel G. *Curso de direito constitucional*, p. 13.

46 A problemática da constituição dirigente: algumas considerações sobre o caso brasileiro, *Revista de Informação Legislativa*, Brasília, ano 36, nº 142, abr.-jun. 1999, *passim*.

econômicos, sociais e culturais. Em seu entender, o programa constitucional, ainda que aberto, não deixa de ter força vinculante no momento da interpretação e da concreção constitucional. A Constituição dirigente é, portanto, concebida como norma e tarefa, como programa de ação ou como plano normativo, tudo sempre tendente à vinculação do programa constitucional.[47]

Ao vincular e legitimar o poder político, o conteúdo da Constituição dirigente normatiza as finalidades e as tarefas do Estado, de maneira que a ação política encontra-se submetida às exigências e limitações impostas pelo próprio texto constitucional, que, por sua vez, explicita os valores políticos fundamentais do legislador constituinte. Deve haver verdadeira fundamentação constitucional, ou seja, a Constituição exerce o papel de premissa material para a política, que deve existir e acontecer nos limites do conteúdo constitucional.[48]

Retomando o pensamento de Gilberto Bercovici, conclui-se que a Constituição dirigente, ao estabelecer fundamentos e limites para a ação da política, não só garante o existente, mas também consiste num objetivo para o futuro. Desta forma, por meio de suas diretrizes voltadas para o futuro, vincula a ação discricionária do legislador (político) ao seu conteúdo valorativo, limitando e dando os contornos ao âmbito de atuação deste.[49]

---

47 *Constituição dirigente e vinculação do legislador.* 2ª ed. Coimbra: Coimbra Editora, 2001, p. 462.

48 CANOTILHO, José Joaquim Gomes. *Constituição dirigente e vinculação do legislador*, p. 463.

49 A Constituição Dirigente e a Crise da Teoria da Constituição. In: SOUZA NETO, Cláudio Pereira; BERCOVICI, Gilberto; MORAES FILHO, José Filomeno; LIMA, Martonio Mont'Alverne B. *Teoria da Constituição, estudos sobre o lugar da política no direito constitucional.* Rio de Janeiro: Editora Lumen Juris, 2003, *passim*.

Dentro da compreensão de José Joaquim Gomes Canotilho, "a constituição tem sempre como tarefa a 'realidade'".[50] Seria, portanto, possível ao Direito intervir na alteração da própria realidade social. Trata-se, dessa forma, de um conjunto de ações e iniciativas que tem por finalidade a transformação social.

José Afonso da Silva, a respeito da Constituição de 1988, destaca:

> Quer-se dizer que ela traz os pressupostos de realização de um constitucionalismo moderno, que ela tem a vocação de realizar os direitos fundamentais do Homem, que é o que justifica a existência de qualquer constituição, porque ela foi feita com características de instrumento de transformação da realidade nacional. Será assim na medida em que se cumpra e se realize na via prática. Uma constituição que não se efetiva não passa de uma folha de papel, tal como dissera Lassalle, porque nada terá a ver com a via subjacente.[51]

Não se pode, portanto, deixar-se levar pela falsa impressão de que a Constituição dirigente, por si só, seria um remédio para todos os males sociais, que a sua simples existência já resolveria os problemas aos quais pretende dar solução. Ela somente concretizará seu programa por meio da ação do Estado e, por consequência, por meio da ação política.

Para Eros Roberto Grau, a Constituição dirigente exige uma interpretação dinâmica, voltada à transformação social, por meio da implantação de políticas públicas "que, objeto de reivindicação

---

50 *Constituição dirigente e vinculação do legislador*, p. 69-71.

51 *Poder constituinte e poder popular (estudos sobre a Constituição)*, p. 112-113.

constitucionalmente legitimada, hão de importar o fornecimento de prestações positivas à sociedade".[52]

Gilberto Bercovici enfatiza:

> A Constituição dirigente não estabelece uma linha única de atuação para a política, reduzindo a direção política à execução dos preceitos constitucionais, ou seja, substitui a política. Pelo contrário, ela procura, antes de mais nada, estabelecer um fundamento constitucional para a política, que deve mover-se no âmbito do programa constitucional. Dessa forma, a Constituição dirigente não substitui a política, mas se torna a sua premissa material.[53]

A política implementa e dá efetividade e manutenção ao programa constitucional. Fora da política, não é possível compreender o conteúdo valorativo e os objetivos do texto constitucional.

A fim de melhor conformar a ação política a ser desenvolvida pelo legislador, a leitura e a compreensão do conteúdo constitucional deverão alimentar-se principalmente de valorações extrajurídicas, ou seja, que tenham como referência a própria realidade social destinatária da intervenção, considerados os seus aspectos históricos, culturais, políticos e – em última análise, até mesmo – jurídicos.

Assim, a sobrevivência de uma Constituição dirigente, como a de 1988, depende diretamente da vivência que a sociedade tem dos institutos constitucionais, ou seja, somente a reiterada concreção diária dos valores constitucionais é que conservam a necessária simbologia do conteúdo axiológico constitucionalizado.

---

52 *A ordem econômica na Constituição de 1988 (interpretação e crítica).* 12ª ed. São Paulo: Malheiros, 2007, p. 215.

53 A problemática da constituição dirigente: algumas considerações sobre o caso brasileiro, p. 40.

1.3. Brasil, um Estado Democrático de Direito (artigo 1º da Constituição)

Já no Preâmbulo da Constituição de 1988, o legislador constituinte fez questão de deixar bem claro o caráter dirigente do texto que promulgou naquele 5 de outubro. Revela-se, como objetivo da reunião da Assembleia Nacional Constituinte, a premência de se "instituir", no Brasil, "um Estado Democrático, destinado a assegurar o exercício dos direitos sociais e individuais, a liberdade, a segurança, o bem-estar, o desenvolvimento, a igualdade e a justiça como valores de uma sociedade fraterna, pluralista e sem preconceitos, fundada na harmonia social".

É bastante evidente que, quando utiliza o termo *"instituir"*,[54] o texto constitucional reconhece que esse Estado Democrático que quer ver existir no Brasil, fundando nos valores por ele fixados, ainda era inexistente no momento da promulgação da Constituição (como, de resto, parece continuar em construção ainda hoje, mais de 20 anos depois).

A posição de José Afonso da Silva é bastante clara nesse sentido:

> (…) O artigo indefinido "um" tem, no contexto, função diretiva importante, conotativa da ideia de que o objetivo era instituir um tipo diferente de Estado Democrático, com nova destinação – qual seja, a de assegurar os valores supremos (infra) de uma sociedade fraterna, pluralista e sem preconceitos. (…)[55]

---

54 Sinônimo de "dar começo a; estabelecer; criar; fundar", conforme FERREIRA, Aurélio Buarque de Holanda. *Novo dicionário da língua portuguesa.* 2ª ed., revista e aumentada. 34ª impressão.

55 *Comentário contextual à Constituição*, p. 23.

Ainda é de ressaltar que, já no Preâmbulo do texto constitucional, o legislador constituinte deixou impressa a repulsa da sociedade brasileira ao modelo de Estado que havia sido instituído no país pelo Regime Militar. Não se pretende apenas um Estado Democrático, isto é, o contrário de um regime de exceção, como o anterior. Pretende-se, também, um Estado no qual imperem os "*direitos sociais e individuais, a liberdade, a segurança, o bem-estar, o desenvolvimento, a igualdade e a justiça*"; tudo em contraposição ao modelo que foi erigido no período histórico anterior à promulgação do texto constitucional, do qual eram características a carência de direitos individuais, a arbitrariedade no trato do direito à liberdade e à segurança, a concepção de crescimento econômico desvinculada da necessidade de distribuir riquezas e da ideia de justiça social.

Daí o caráter evidentemente dirigente da Constituição, que aponta para o futuro que pretende ver real.

Logo na sequência, ou seja, em seu artigo 1º, a Constituição define que a "*República Federativa do Brasil (...) constitui-se em Estado Democrático de Direito*".

Neste ponto, o verbo *constituir* não indica uma vontade do legislador ou uma meta a ser atingida, mas sim uma realidade, expressão da autodeterminação do povo brasileiro a respeito da República Federativa do Brasil, que *é* um Estado Democrático de Direito.[56]

Verifique-se a definição de José Joaquim Gomes Canotilho sobre o que vem a ser o Estado Democrático de Direito:

---

56 "(...) Não se trata, pois, de uma promessa, mas da afirmação de realidade com o conteúdo definido pela própria Constituição. Não se trata de uma norma em si, porque não exprime um dever-ser, mas de uma regra ôntica, porquanto denota o que é. (...)" Conforme SILVA, José Afonso da. *Comentário contextual à Constituição*, p. 32.

(...) O Estado de Direito Democrático-Constitucional é um Estado alicerçado em normatividade jurídica quanto aos direitos fundamentais, garantias, definição de competências, controlo do poder, solução de conflitos (racionalidade do Estado de Direito Liberal); é um Estado aberto a uma definição normativo-constitucional de direitos sociais, econômicos e culturais, a uma fixação dos fins e tarefas do Estado, a uma planificação (em sentido não ideológico) dos problemas econômicos e sociais (racionalidade do Estado de Direito Democrático). (...)[57]

A partir dessa definição, pode-se afirmar que um dos pilares do Estado Democrático de Direito é a fiel obediência ao princípio da legalidade. Este se encontra consagrado, no âmbito administrativo, nos artigos 5º, inciso II, e 37; no âmbito tributário, no artigo 150, inciso I; e, no âmbito penal, no artigo 5º, incisos XXXIX e XL, do texto constitucional.

André Ramos Tavares, vendo a questão sob o prisma econômico, que, em seu entender, permeia todo o texto constitucional, faz a ligação da autodefinição do Estado brasileiro como Democrático de Direito com sua repercussão no mundo econômico, na medida em que a obrigatoriedade de obedecer ao princípio da legalidade "confere a necessária segurança e previsibilidade das relações jurídicas".[58]

---

57 *Constituição dirigente e vinculação do legislador*, p. 49. Por sua vez, Elías Díaz define "o Estado democrático de direito é hoje o Estado de justiça, ou seja, o Estado que aparece atualmente como legítimo, como justo, em função precisamente de determinados valores históricos que são a democracia, o socialismo, a liberdade e a paz". Cfe: *Estado de derecho y sociedad democrática*. Madri: Grupo Santillana de Ediciones, 2010, p. 136.

58 TAVARES, André Ramos. *Direito constitucional econômico*. 2ª ed. São Paulo: Método, 2006, p. 126.

Entretanto, a obediência do Estado Democrático de Direito ao princípio da legalidade, na vigência de uma Constituição dirigente como é a de 1988, deve estar atenta a um conceito democrático de legalidade, na medida em que a lei é um dos atos oficiais de maior destaque na atividade política de uma sociedade e regula o viver social, guiando a realização de interesses. Dessa forma, não pode o Estado Democrático de Direito ater-se a uma legalidade meramente formal, mas lhe incumbe, sim, dispor de uma produção legislativa que realmente influa na realidade social, buscando equalizar situações socialmente desiguais, exercendo uma atividade política na busca da justiça social.[59]

Elías Díaz entende a democracia como um processo que se protrai no tempo, cujas variáveis ou exigências nunca são satisfeitas plenamente, mas, pelo contrário, aumentam a cada passo que se dá. Referido autor vê a democracia meramente formal como insuficiente, mas pontua que é a partir dela que se pode chegar à democracia real, estágio social em que se verificam as seguintes características: "*a)* efetiva *incorporação* dos homens, de todos os homens, nos mecanismos de *controle das decisões,* e *b)* de *real participação* dos mesmos nos *rendimentos da produção*". Sem isto, a sociedade poderá ser uma sociedade de massas, mas não será plenamente democrática.[60]

A obediência à legalidade, dessa forma, funda-se na exigência de legitimidade, de acordo com a qual as leis hão de corresponder à prevalência da vontade geral, consubstanciada no norte valorativo constitucional, sobre a vontade individual ou idiossincrasias dos detentores momentâneos do poder.

---

59 SILVA, José Afonso da. *Poder constituinte e poder popular (estudos sobre a Constituição),* p. 126-127.

60 *Estado de derecho y sociedad democrática,* p. 144-155.

As leis, para atender aos anseios populares, devem estar atentas ao conteúdo dirigente da ordem constitucional, pautando-se pelo respeito à dignidade da pessoa humana e aos ditames da justiça social. A República Federativa do Brasil, como Estado Democrático de Direito que é, deve atuar sob o império da legalidade democrática, diminuindo, assim, as possibilidades de arbítrio dos detentores do poder.

O Estado Democrático de Direito em que se constitui a República Federativa do Brasil tem os seus fundamentos enumerados nos incisos do próprio artigo 1º do texto constitucional: I – a soberania; II – a cidadania; III – a dignidade da pessoa humana; IV – os valores sociais do trabalho e da livre iniciativa; V – o pluralismo político.

Em vista disso, dos cinco fundamentos acima listados, interessam dois deles, com maior proeminência, ao objeto do presente estudo, quais sejam a *dignidade da pessoa humana* e a *cidadania*, os quais serão, nesta ordem, tratados mais pormenorizadamente a seguir.

1.4. Dignidade da pessoa humana

A Lei Fundamental da República Federal da Alemanha, promulgada após a experiência nazista e todas as suas atrocidades, introduziu o respeito à dignidade da pessoa humana como imperativo constitucional fundamental. Este exemplo foi seguido por Portugal, após o fim do salazarismo, e pela Espanha, em sua Constituição promulgada após o término do regime franquista, ou seja, após duas experiências históricas afamadas pelo sistemático desrespeito aos direitos fundamentais da pessoa e aos direitos políticos da sociedade.

No Brasil, não foi diferente. Todas as formas de desrespeito à pessoa humana praticadas durante o Regime Militar, mormente a tortura, inspiraram o legislador constituinte, a exemplo dos textos constitucionais acima mencionados, a erigir a dignidade da pessoa humana como um dos fundamentos do Estado Democrático de Direito em que se constitui a República Federativa do Brasil. Mais uma vez, nota-se a viva influência da então recente experiência histórica vivida pela sociedade brasileira à época das discussões constituintes no caráter dirigente que o legislador conferiu ao texto constitucional. De um lado, visou a proteger a existência pacífica da sociedade, conferindo-lhe direitos e garantias; de outro, buscou nortear e dirigir o futuro, por meio do dirigismo valorativo aplicado ao exercício da política.

Para André Ramos Tavares, o Estado é constituído e existe em função da pessoa humana, e não o contrário. Assim, o principal corolário da dignidade da pessoa humana é a vedação de sua utilização como instrumento para alcançar objetivos sociais, bem como a preservação de sua capacidade de autodeterminação, livre de embaraços externos e internos. Em suma, dignidade é o valor próprio que identifica o ser humano como tal, pairando acima de qualquer valor econômico.[61]

Na definição de referido autor, a dignidade do Homem também decorre da sua capacidade "(...) de escolher seu próprio caminho, efetuar suas próprias decisões, sem que haja interferência direta de terceiros em seu pensar e decidir, como as conhecidas imposições de cunho político-eleitoral (voto de cabresto), ou as de conotação econômica (baseada na hipossuficiência do consumidor e das massas em geral) (...)".[62]

Qualquer causa ou motivo que cerceie o exercício da capacidade e da liberdade de decidir e de fazer escolhas da pessoa, embaraçando sua vontade racional, diminui e vilipendia o Homem e, por consequência, sua dignidade.

Conclui André Ramos Tavares que a dignidade da pessoa humana tem duplo sentido: negativo, pois o Homem não pode ser vítima de ofensas e humilhações; e positivo, porque todo Homem tem direito

---

61 *Curso de direito constitucional.* p. 536-542.

62 *Idem, ibidem*, p. 541.

ao desenvolvimento pleno de sua personalidade, o que pressupõe liberdade e capacidade de decidir e escolher, autodisponibilidade e autodeterminação.

No entender de José Afonso da Silva, a dignidade da pessoa humana, enquanto fundamento do Estado Democrático de Direito, não pode ser relativizada nem condicionada de nenhuma forma. É um valor superior a tudo, intangível, que não admite substituição. A dignidade é um valor intrínseco da pessoa humana. Excede a criação constitucional, em razão de ser um conceito apriorístico.[63]

Como fundamento da República Federativa do Brasil, a dignidade da pessoa humana é o seu valor supremo. Assim sendo, é um valor que não se restringe apenas à ordem jurídica, mas ilumina e dirige também a ordem política, social, econômica e cultural. Fundamenta toda a vida nacional.

Em relação à ordem econômica, conforme será aprofundado mais adiante, não há dúvida de que a dignidade da pessoa humana constitui-se num fundamento seu, na medida em que o artigo 170 da Constituição Federal, em seu *caput*, deixa bem claro que tem ela a finalidade de "assegurar a todos existência digna", "conforme os ditames da justiça social".

Isso significa que a dignidade da pessoa humana pressupõe condições mínimas para existência digna das pessoas, sendo, a *contrario sensu*, indignas da pessoa humana as graves desigualdades sociais, a condição de miserabilidade, a fome, a carência de saúde, moradia, educação, saneamento básico etc.

No que tange ao espectro de atuação da política criminal e, por consequência, do Direito Penal, Antonio Luís Chaves Camargo adverte que a dignidade da pessoa humana é o limite balizador da intervenção do Estado Democrático de Direito na vida das pessoas e

---

63 *Poder constituinte e poder popular (estudos sobre a Constituição)*, p. 137-143.

no seu direito à liberdade e ao desenvolvimento da personalidade. O exercício do poder de punir, dessa forma, fica submetido a esse valor fundamental da República Federativa do Brasil. Em vista disso, a política criminal, dentro de suas estratégias de controle social, somente pode se utilizar do Direito Penal quando não houver possibilidade de obtenção dos resultados almejados por meio da atuação de outros ramos do direito.[64]

Assim sendo, a tutela constitucional da dignidade da pessoa humana é absoluta, de maneira que, dada sua essencialidade, todas as pessoas dela disporão até sua morte, não havendo comportamento indigno ou criminoso que possa privar a pessoa da sua dignidade constitucionalmente assegurada e, consequentemente, dos direitos fundamentais que lhe são garantidos em todas as suas dimensões.

Por fim, vale, ainda, insistir e ressaltar que, sendo dirigente a Constituição de 1988, a dignidade da pessoa humana – compreendida com a amplidão necessária e sempre ao lado da justiça social – é o valor norteador do futuro almejado para o País pelo texto constitucional, na busca de realizar o ideal do Estado Democrático Direito. O exercício da política, que compreende a política criminal e a atividade legislativa, deve sempre ter esse valor fundamental como seu alicerce ao buscar realizar os objetivos traçados pela Constituição dirigente.

1.4.1. Cidadania

Historicamente, o conceito de cidadania, em sua evolução, sempre teve uma definição estrita, ligada ao exercício de direitos políticos dentro da sociedade, tanto ativamente (votar) quanto passivamente (ser votado). Aliás, não foram poucos os exemplos históricos em que

---

64 *Sistema de penas, dogmática jurídico penal e política criminal.* São Paulo: Cultural Paulista, 2002, p. 29-35 e 161-167.

eram considerados cidadãos apenas as pessoas que possuíssem determinado nível de renda e patrimônio, constituindo a chamada cidadania censitária.[65]

Na definição de Manoel Gonçalves Ferreira Filho, "a cidadania é, como se viu, um *status* ligado ao regime político. Assim, é correto incluir os direitos típicos do cidadão entre aqueles associados ao regime político, em particular entre os ligados à democracia".[66]

Era cidadão apenas o homem nacional que podia exercer os direitos políticos. Como as regras que permitiam ao homem ser cidadão eram muito restritivas, as relações entre o governo e a sociedade eram muito distantes, tornando-se, mesmo, algo abstrato, porquanto basicamente a ação do primeiro era independente da vontade da segunda quando da execução de suas vontades políticas.

No entanto, como assinala José Afonso da Silva, o conceito de cidadania evoluiu e se enriqueceu com o passar dos tempos, acompanhando, sempre, a evolução e o enriquecimento do conceito de democracia.[67]

Atualmente, sob a vigência da Constituição de 1988 e sendo o Brasil um Estado Democrático de Direito, não se pode desvincular o conceito de cidadania da ideia de democracia, assinalando que, hoje, ser cidadão significa muito mais que simplesmente possuir direitos políticos.

Isso porque, sendo dirigente a Constituição de 1988, o conceito de cidadania deve ser construído sob os influxos da dignidade da pessoa humana e da justiça (social, inclusive), integrando os participantes da vida do Estado no âmbito das sociedades em que vivem.

---

65 No Brasil, sob a égide da Constituição de 1824, "só podia ser votante, fazer parte do colégio eleitoral, ser deputado ou senador quem atendesse a alguns requisitos, inclusive de natureza econômica, chamados de 'censo'". Cfe. FAUSTO, Boris. *História do Brasil*, p. 151.

66 *Curso de direito constitucional*, p. 99.

67 *Poder constituinte e poder popular (estudos sobre a Constituição)*, p. 144-149.

Na definição de José Afonso da Silva:

> A cidadania, assim considerada, consiste na consciência de pertinência à sociedade estatal como titular de direitos fundamentais, da dignidade como pessoa humana, da integração participativa no processo do poder, com a igual consciência de que essa situação subjetiva envolve também deveres de respeito à dignidade do outro e de contribuir para o aperfeiçoamento de todos.[68]

O funcionamento do Estado, dentro dessa ótica, deve ser submetido, por meio da ação política, à vontade popular, fazendo valer e buscando a concreção do conteúdo valorativo da Constituição dirigente.

Essa cidadania não é meramente retórica, mas exige ações políticas concretas no sentido de satisfazer os imperativos da dignidade da pessoa humana e da justiça social.

1.5. Objetivos fundamentais da República brasileira (artigo 3º da Constituição): a cláusula transformadora

O artigo 3º da Constituição traz elencados os objetivos fundamentais da República Federativa do Brasil, isto é, os fins últimos que devem ser atingidos pelo Estado brasileiro, por meio do exercício político, no que se refere ao desenvolvimento econômico e à justiça social, sem os quais o país jamais se concretizará como um Estado Democrático de Direito, tal qual se define no artigo 1º da Lei Fundamental.

---

68 *Idem, ibidem*, p. 142.

O Estado não é nem pode ser um ente sem objetivos, à deriva, que dependa dos ventos que lhe sopre o governo de plantão. A República brasileira, por ser um Estado constitucional, submete-se à necessidade de realização dos objetivos e finalidades constitucionais, inclusive se vinculando também em relação aos meios pelos quais buscará atingi-los, já que lhe é vedado, para tanto, afastar-se das regras ínsitas ao Estado Democrático de Direito.

Nos dizeres de José Afonso da Silva, trata-se de "normas dirigentes ou teleológicas, porque apontam fins positivos a serem alcançados pela aplicação de preceitos concretos definidos em outras partes da Constituição".[69]

Assim, os *objetivos fundamentais* estabelecidos pela Constituição constituem-se nas finalidades da República Federativa do Brasil e não se submetem, para sua concretização, às linhas de ação de cada um dos governos eleitos e de suas respectivas matizes político-ideológicas.

José Joaquim Gomes Canotilho, a esse respeito, assinala que "(…) a definição dos fins do Estado não pode nem deve derivar 'autônoma' e primariamente de 'vontade política' do governo; os 'fins políticos supremos' e as tarefas de uma república encontram-se normativizados na constituição (…)".[70]

Os *objetivos fundamentais* da República Federativa do Brasil foram sintetizados, pelo legislador constitucional, em quatro itens, a seguir enumerados: "I – construir uma sociedade livre, justa e solidária; II – garantir o desenvolvimento nacional; III – erradicar a pobreza e a marginalização e reduzir as desigualdades sociais e regionais; IV – promover o bem de todos, sem preconceitos de origem, raça, cor, idade e quaisquer outras formas de discriminação".

---

69 *Comentário contextual à Constituição*, p. 46.

70 *Constituição dirigente e vinculação do legislador*, p. 465.

60 LEANDRO SARCEDO

Como se vê, o caráter dirigente dado ao artigo 3º da Constituição, ao estabelecer *objetivos fundamentais* que devem ser atingidos pela República brasileira, os quais devem pairar acima dos matizes e correntes político-ideológicas dos governantes de plantão, demonstra, mais uma vez, a preocupação do legislador constituinte de deixar impressas, no texto constitucional, as preocupações que moviam a sociedade brasileira naquele momento histórico.

As marcas do acelerado crescimento econômico sem nenhuma justiça social eram ainda muito expostas e permeavam todo o seio social. Procurou-se deixar claro o que era obrigatório para a República brasileira fazer, dentro da realidade na nova ordem constitucional que se engendrava, para corrigir os errôneos rumos adotados. Como não era possível confiar na volatilidade das vontades político-ideológicas, optou-se por imprimir tais *objetivos fundamentais* da República no texto constitucional, deixando-os estreme de dúvidas.

Gilberto Bercovici conceitua o artigo 3º da Constituição como sendo a cláusula transformadora da República brasileira, como se vê a seguir:

> A "cláusula transformadora", como o artigo 3º da constituição de 1988, explicita o contraste entre a realidade social injusta e a necessidade de eliminá-la. Deste modo, impede que a constituição considerasse realizado o que ainda está por se realizar, implicando na obrigação do Estado em promover a transformação da estrutura econômico-social. Sua concretização não significa a imediata exigência de prestação estatal concreta, mas uma atitude positiva, constante e diligente do Estado.[71]

---

71 A Constituição Dirigente e a Constitucionalização de Tudo (ou do Nada). In: SOUZA NETO, Cláudio Pereira; SARMENTO, Daniel. *A constitucionalização do*

Dentre os diversos objetivos fundamentais estabelecidos nos quatro incisos do artigo 3º da Constituição, doravante serão analisados apenas três deles (desenvolvimento nacional; construção de uma sociedade livre, justa e solidária; e erradicação da pobreza e marginalização e redução das desigualdades), justificando-se esta opção metodológica em virtude da sua importância ao desenvolvimento e à compreensão do objeto de estudo da presente dissertação. Além disso, para melhor sistematizar a compreensão do conteúdo dirigente presente nessa norma constitucional, a análise dos três objetivos fundamentais da República brasileira não será realizada na ordem em que eles aparecem no texto fundamental. Em primeiro lugar, será analisada a finalidade de garantir o desenvolvimento nacional, cujo conceito influencia e delimita naturalmente a conceituação dos outros dois fins analisados.

1.5.1. Desenvolvimento nacional

Inicialmente, como bem destaca José Afonso da Silva, importante salientar que a necessidade de garantir o desenvolvimento nacional foi posta, pelo legislador constituinte, como um dos objetivos fundamentais da República brasileira. Tal opção sistemática deixa bem claro que a ideia almejada de desenvolvimento não se vincula exclusivamente ao aspecto econômico, na medida em que a economia é apenas uma das atribuições das quais o Estado deve cuidar, embora não se pretenda retirar-lhe a importância em termos de organização social.[72]

---

direito: fundamentos teóricos e aplicações específicas. Rio de Janeiro: Editora Lumen Juris, 2007, p. 169-170.

72 *Comentário contextual à Constituição*, p. 47.

Essa é mais uma das marcas indeléveis do momento histórico peculiar vivido pelo legislador constituinte, porquanto se buscava afastar, do País, o modelo econômico excludente, concentrador e desigual implantado durante o Regime Militar. Como já se asseverou anteriormente, os resultados quantitativos obtidos por aquele modelo podem até parecer auspiciosos, já que o Brasil alçou a posição de oitava maior economia do mundo, mas as consequências sociais do mesmo foram, para se dizer o mínimo, catastróficas em termos humanos, culturais, educacionais etc.

Sob a ordem constitucional vigente, é vedado aos governantes, na implementação dos planos político-ideológicos para a qual foram eleitos, confundir desenvolvimento nacional com mero crescimento econômico. Há de haver efetiva melhora nas condições de vida das pessoas, mudanças nas estruturas sociais, incremento no bem-estar geral da população. Assim, não basta, para aferir o desenvolvimento nacional, basear-se apenas em dados sobre o Produto Interno Bruto (PIB) ou a renda *per capita* da população, faz-se necessária, também, a avaliação sobre os índices de analfabetismo, mortalidade infantil, saneamento básico, expectativa de vida, educação e de muitas outras variáveis sociais.

Como adverte Eros Roberto Grau, o conceito de desenvolvimento nacional compreende – também – a ideia de crescimento econômico, sendo este apenas uma parte daquele. O desenvolvimento traz, imanente, a ideia de inovação, seja ela tecnológica, administrativa, nas fontes de matéria-prima etc.[73]

Não sendo apenas econômica, a ideia de desenvolvimento nacional envolve a ideia de mudança nas estruturas sociais, dentro de um futuro projetado de acordo com os objetivos fundamentais

---

73 A *ordem econômica na Constituição de 1988 (interpretação e crítica)*, p. 215-217.

POLÍTICA CRIMINAL E CRIMES ECONÔMICOS   63

estabelecidos pela Constituição. Tem como consequência principal arrefecer a tensão entre os polos desiguais da sociedade por meio da diminuição das diferenças existentes entre eles, tornando mais homogênea as oportunidades e as possibilidades de exercício das liberdades.

Há, ainda, que se acrescentar à ideia de desenvolvimento nacional a concepção defendida por Lafayete Josué Petter, que a identifica com a possibilidade real das pessoas exercerem liberdades substanciais, isto é, de existir um contexto social em que as pessoas realmente possam atuar em favor de sua realização pessoal e de sua felicidade, por meio do exercício da cidadania, com participação das escolhas sociais e das *"decisões públicas que proporcionam a potencialização destas mesmas oportunidades"*. Nesse contexto, o indivíduo não deve ser visto apenas como mero objeto passivo de engenhosos programas sociais, mas deve dispor de oportunidades sociais adequadas para ser sujeito de sua própria história, exercendo sua liberdade de escolha.[74]

Para que se obtenha o almejado desenvolvimento, "devem-se remover as principais fontes de privação de liberdade: pobreza e tirania, carência de oportunidades econômicas e destituição social sistemática, negligência dos serviços públicos e intolerância ou interferência excessiva de Estados repressivos".[75]

O desenvolvimento nacional, portanto, não será proveniente de iniciativas isoladas do Poder Legislativo ou do Poder Judiciário, dependendo, isto sim, de uma ação política conjunta dos três Poderes constitutivos da República, aliando-se às iniciativas do setor privado, no sentido de garantir esse objetivo fundamental da ordem econômica brasileira. Destaca-se, para tanto, o papel primordial do Poder

---

74 *Princípios constitucionais da ordem econômica: o significado e o alcance do art. 170 da Constituição Federal.* 2ª ed., rev., atual. e ampl. São Paulo: Editora Revista dos Tribunais, 2008, p. 80-87.

75 PETTER, Lafayete Josué. *Princípios constitucionais da ordem econômica: o significado e o alcance do art. 170 da Constituição Federal*, p. 85.

Executivo na execução e na implementação das políticas públicas, as quais sempre deverão estar atentas e consoantes ao que determina a Constituição dirigente.

Assim compreendido, o desenvolvimento nacional, embora seja um fim em si mesmo, constitui-se, também, em meio para a consecução de outros objetivos fundamentais da República Federativa do Brasil. A opção metodológica de expor a sua conceituação anteriormente aos dois outros objetivos fundamentais que serão a seguir analisados deve-se tão-somente a uma melhor sistematização na exposição e na compreensão do tema, embora, como se verá, em muitos aspectos os significados desses objetivos sobreponham-se.

1.5.2. Construção de uma sociedade livre, justa e solidária

É interessante ressaltar, com José Afonso da Silva, que, de acordo com o texto constitucional, a sociedade livre, justa e solidária deveria ser construída, numa clara demonstração que, no entender do legislador constituinte, tal realidade social inexistia no Brasil no momento histórico em que o texto constitucional estava sendo discutido.[76] Mais uma vez, resta evidenciada a preocupação em deixar impresso no texto constitucional o norte que deveria dirigir a atuação política do país a partir de então, na intenção de que os erros cometidos durante o Regime Militar não se repetissem.

Embora não sejam totalmente coincidentes, é certo que há grande área de contato entre desenvolvimento nacional, na forma em que foi acima conceituado, e o objetivo de construir uma sociedade livre, justa e solidária. Parece não ser possível obter um dos objetivos sem atingir o outro, assim como parece que o conceito de

---

76 *Comentário contextual à Constituição*, p. 46.

POLÍTICA CRIMINAL E CRIMES ECONÔMICOS   65

desenvolvimento nacional pressupõe a construção de uma sociedade livre, justa e solidária.

No entanto, fez questão o legislador constitucional de explicitar ambos os objetivos, classificando-os como fundamentais, a fim de que nenhum deles ficasse subordinado ao outro, ou seja, fosse visto como *meio* de obtenção do outro, porquanto são de importância idêntica. Buscava-se, com isso, um dirigismo constitucional que evitasse qualquer tentativa futura de reimplantação da ideia de que primeiro seria preciso "fazer crescer o bolo para só depois pensar em distribuí-lo".[77] É preciso obter o desenvolvimento nacional ao mesmo tempo em que se constrói uma sociedade livre, justa e solidária.

Sociedade livre é aquela em que os indivíduos gozam de liberdade real de fazer escolhas e de poder viver o mais proximamente possível de como gostariam, sem interferências do Estado em questões de cunho moral, religioso ou político.

Dentro dessa compreensão, sem dúvida, sociedade justa é aquela em que há distribuição uniforme da liberdade real de fazer escolhas entre os indivíduos, para que possam exercer suas potencialidades e possam ter meio de enfrentar as privações inerentes a seu estrato social, num ambiente de *justiça social*.

Solidária é a sociedade que propicia aos indivíduos que a compõem o exercício da liberdade real acima referida, sem criar inimizades entre eles ou entre suas classes, na medida em que todos devem ter sempre em vista o objetivo de alcançar o desenvolvimento nacional e a *justiça social*. Outrossim, solidária é a sociedade em que, por meio de mecanismos que propiciem a *justiça social*, o desenvolvimento e o bem-estar alcançado por uns seja via auxiliar para que todos encontrem a dignidade.

---

77 FAUSTO, Boris. *História do Brasil*, p. 487.

1.5.3. Erradicação da pobreza e da marginalização e redução das desigualdades sociais

Mais uma vez, não se pode perder de vista que os objetivos de erradicar a pobreza e a marginalização e de reduzir as desigualdades sociais "são objetivos afins e complementares daquele atinente à promoção (= garantir) do desenvolvimento econômico".[78]

Seguindo a linha de compreensão que identifica desenvolvimento com liberdade, pode-se afirmar que pobreza, mais do que o seu significado de privação material de bens e meios de sobrevivência – conforme será abaixo definida –, importa na impossibilidade de exercer a liberdade real de fazer escolhas e de viver num ambiente de justiça social. Marginalizado, assim sendo, é o indivíduo que permanece, na sociedade, à margem da possibilidade de exercer a liberdade real de fazer escolhas.

Dentro de uma concepção unicamente material, "pobreza consiste, assim, na falta de renda e recursos suficientes para o sustento, na fome e na desnutrição, más condições de saúde, limitado acesso à educação e na maior incidência de doenças e mortalidade, especialmente mortalidade infantil".[79]

Mais grave do que a pobreza vista em seu caráter absoluto é a pobreza quando observada de forma relativa, isto é, quando inserida num cenário de crescimento econômico e de opulência de poucos, num ambiente em que impera a desigualdade social, a injustiça e a má distribuição de riquezas e, principalmente, de possibilidades reais de escolha.

É objetivo fundamental da República Federativa do Brasil não só erradicar a pobreza e a marginalização, isto é, o estado de privação de

---

78 GRAU, Eros Roberto. *A ordem econômica na Constituição de 1988 (interpretação e crítica)*, p. 218.

79 SILVA, José Afonso da. *Comentário contextual à Constituição*, p. 47.

bens e direitos visto de forma absoluta, mas também a desigualdade social, ou seja, solucionar tal situação numa sociedade na qual poucos têm muito e muitos têm muito pouco.[80]

É importante, por fim, salientar que o caráter dirigente da Constituição de 1988, neste ponto, nada tem de revolucionário ou subversivo em relação ao capitalismo, projetando, isto sim, a garantia do direito ao trabalho, à dignidade e à liberdade real de fazer escolhas.

Trata-se, como bem acentua Eros Roberto Grau, de postular, dentro do caráter dirigente da Constituição, o rompimento do processo de subdesenvolvimento em que o país está imerso, pelo qual a pobreza, a marginalização e as desigualdades sociais e regionais são causas e efeitos de si próprias, num perverso círculo vicioso.[81]

1.6. A ordem econômica na estrutura constitucional (artigo 170 da Constituição)

A ordem econômica dentro da Constituição de 1988 tem dois princípios fundamentais, previstos no *caput* do artigo 170, que são a valorização do trabalho humano e a livre iniciativa, tendo por finalidade, também, assegurar a existência digna, de acordo com os ditames da justiça social. Deve, ainda, respeitar a soberania nacional, a propriedade privada, a função social da propriedade, a livre concorrência, a defesa do consumidor, a defesa do meio ambiente, a

---

80 Importante, como faz Claus Roxin, salientar o papel do direito penal na maximização das diferenças sociais, porquanto "ele estigmatiza o condenado e o leva à desclassificação e à exclusão social, consequências que não podem ser desejadas num Estado Social de Direito, o qual tem por fim a integração e a redução das discriminações". *Estudos de direito penal*. Tradução de Luís Greco. Rio de Janeiro: Renovar, 2006, p. 2.

81 *A ordem econômica na Constituição de 1988 (interpretação e crítica)*, p. 218.

redução das desigualdades regionais e sociais, a busca do pleno emprego, o favorecimento às empresas de pequeno porte.

Nos dizeres de Gilberto Bercovici, o Capítulo I do Título VII da Constituição de 1988 trata dos "princípios fundamentais da ordem econômica brasileira, fundada na valorização do trabalho humano e na livre iniciativa, tendo por fim assegurar a todos uma existência digna de acordo com a justiça social".[82]

No entanto, como bem adverte referido autor, é preciso que se tenha em mente que os dispositivos sobre a ordem econômica, contidos no que se pode chamar de Constituição Econômica, somente podem ser compreendidos quando vistos sob a ótica do todo constitucional.[83]

Não é possível romper com a unidade constitucional para que se tenha a correta compreensão de cada uma das áreas disciplinadas pela Constituição, a qual deve ser compreendida como materialização jurídica do projeto político que a gerou.

Há verdadeira ideologia constitucional, a partir da qual devem ser elaboradas as políticas estatais, dentre as quais a política econômica e também a política criminal.

De acordo com Washington Peluso Albino de Souza, é certo, nos dias de hoje, o paradigma de que a Constituição traz em si os valores mais caros e os elementos organizadores centrais do Estado e da sociedade, "reconhecendo-lhe sentido hierárquico de Lei Superior, Lei Maior, para alguns tomada como Lei Fundamental, ou seja, como a 'fonte' legitimadora das demais leis componentes da Ordem Jurídica".[84]

Na sua condição de Lei Maior dentro da hierarquia normativa, a Constituição acaba por disciplinar a política, prescrevendo-lhe

---

82 *Constituição econômica e desenvolvimento, uma leitura a partir da Constituição de 1988*. São Paulo: Malheiros, 2005, p. 30-31.

83 *Constituição econômica e desenvolvimento, uma leitura a partir da Constituição de 1988*, passim.

84 *Teoria da constituição econômica*. Belo Horizonte: Del Rey, 2002, p. 5.

preceitos e ordenações, traçando uma verdadeira "constitucionaliza-ção da ideologia" que deve reger o Estado e a sociedade.

Em vista de sua existência dentro do mundo jurídico, a Constituição cria uma "Ordem Jurídico-Política". Extrapolando-se o raciocínio para o fato econômico, ter-se-á a "Ordem Jurídico-Político-Econômica".[85]

Verifique-se, a respeito, o pensamento de Washington Peluso Albino de Souza:

> Para cada ramo do Direito Positivo, portanto, podemos dar conotação específica à palavra 'política', e dizer que há sempre uma orientação política definida ideologica-mente no texto constitucional em vigor, que se aplica ao objeto daquele ramo do Direito. Tal afirmativa importa em estabelecer que todo Direito tem conotação 'política', e, em se tratando de Direito Positivo, concretiza a ideolo-gia 'constitucionalmente adotada'. (...)[86]

Em outras palavras, dentro da natureza fundamental e dirigente da Constituição, deverá existir verdadeira simbiose entre direito, po-lítica e economia para que se tenham válidos os preceitos, os progra-mas e os objetivos estabelecidos para a ordem econômica. É possível afirmar que a Constituição de 1988 traz expressa uma Constituição Econômica concebida e voltada à transformação das estruturas so-ciais do país.

O capítulo constitucional que trata da ordem econômica (arti-gos 170 a 192) busca sistematizar a conformação jurídica da econo-mia e também normatizar a intervenção e a atuação do Estado no âmbito econômico.

---

85 SOUZA, Washington Peluso Albino de. *Teoria da constituição econômica*, p. 15.
86 *Idem, ibidem*, p. 16.

Em vista disso, pode-se afirmar que a Constituição de 1988 não se conforma em simplesmente receber a estrutura econômica no estado em que ela se encontrava quando de sua promulgação, mas sim que pretende alterá-la, utilizando-se, para tanto, de um conteúdo dirigente.[87]

A ideia de constituição dirigente, vale repisar, liga-se à ideia de alteração da realidade social em que a Lei Fundamental está inserida, por meio do cumprimento de tarefas de cunho político, pautadas por programas e objetivos constitucionais.

Trata-se de dar verdadeira fundamentação constitucional à política, sempre almejando alcançar e realizar as tarefas, os programas e os objetivos estabelecidos na própria Constituição.

De acordo com André Ramos Tavares, tais princípios são cogentes e devem ser observados e respeitados pelos três Poderes que constituem o Estado brasileiro, devendo ser inquinados de inconstitucionais os atos praticados sem os observar.[88]

Acrescenta, ainda, referido autor que:

> (...) serão inadmissíveis (inválidas) perante a ordem constitucional as decisões do Poder Judiciário que afrontarem estes princípios, assim como as leis e qualquer outro ato estatal que estabeleçam metas e comandos normativos que, de qualquer maneira, oponham-se ou violem tais princípios.

Em relação à atuação do Poder Legislativo, há verdadeira vinculação ao conteúdo político-valorativo contido na Constituição no que

---

87 Exemplo expresso desse dirigismo constitucional é o que se depreende do § 4º do artigo 173 da Constituição de 1988, que determina que "a lei reprimirá o abuso do poder econômico que vise à dominação dos mercados, à eliminação da concorrência e ao aumento arbitrário dos lucros".

88 *Direito constitucional econômico*, p. 127-128.

concerne à ordem econômica e também em relação à atuação da política criminal.

A Constituição assim concebida, portanto, não só funciona como garantia da realidade social e do arcabouço jurídico preexistentes, mas também se constitui num programa diretivo para o futuro.

Para a Constituição de 1988 compreendida como um todo, mas vista sob o prisma da ordem econômica e da política criminal, a garantia do preexistente é a garantia do próprio Estado Democrático de Direito, ao passo que sua projeção para o futuro é o cumprimento do objetivo de alcançar a justiça social.

Sobre as bases dessa estreita relação entre direito, política e economia, existente no âmbito constitucional, é que será estabelecida a carga ideológica que estará contida na legislação infraconstitucional (inclusive no âmbito do Direito Penal), uma vez que a atividade legiferante deve ser compreendida sempre como tarefa estatal vinculada aos objetivos constitucionais. No caso do Direito Penal, será concebida como atuação específica da política criminal, entendida como parte da política social, de abrangência mais ampla.

1.6.1. Submissão da ordem econômica aos ditames da justiça social

A assim chamada carga ideológica constitucional – que deve dirigir a atividade do Poder Legislativo, no que concerne não só à regulamentação da ordem econômica, mas também ao estabelecimento do alcance e dos limites das normas em geral e, portanto, do direito penal – é pautada, nos termos do artigo 170 da Constituição de 1988, pelos "ditames da justiça social".

Para André Ramos Tavares, a justiça social "deve ser adotada como um dos princípios de finalidade comunitarista expressos na Constituição de 1988 a interferir no contexto da ordem econômica, visando ao implemento das condições de vida de todos até um patamar de dignidade e satisfação".[89]

Insta, então, definir qual o significado, para as finalidades dirigentes do texto constitucional, do termo "justiça social", tomando sempre o cuidado de que tal definição, dada a abrangência do termo a ser definido, não deixe cair no vazio o real comando do legislador constitucional.

Manoel Gonçalves Ferreira Filho atribui a inserção do termo "justiça social" no texto constitucional de 1988 à grande influência da Igreja Católica durante os trabalhos constituintes. Não obstante, assinala que "a justiça social é a virtude que ordena para o bem comum todos os atos humanos exteriores", o que leva à conclusão de que "a ordem econômica deve ser orientada para o bem comum".[90]

De acordo com José Afonso da Silva, a justiça social, prevista no artigo 170 da Constituição da República, somente será concretizada "mediante equitativa distribuição da riqueza nacional, pois um regime de justiça social será aquele em que cada um deve poder dispor dos meios materiais de viver confortavelmente segundo as exigências de sua natureza física, espiritual e política".[91]

Lafayete Josué Petter desenvolve longamente o conceito de justiça social que habita o texto constitucional, buscando compreendê-lo de maneira concreta, locando-o junto às características reais adquiridas pela economia na sociedade brasileira. Vai além ao associar a ideia de justiça social à ideia de possibilidade de exercício do direito à liberdade. Para ele, é vedado ao direito desconhecer o dado econômico, na medida em que, por meio da política, delineia e dirige a economia, buscando definir sua finalidade dentro da sociedade. Assim, é possível afirmar que a produção econômica não se divorcia da produção

---

89 *Op. cit.*, p. 130-131.

90 *Curso de direito constitucional*, p. 308.

91 *Aplicabilidade das normas constitucionais*. 7ª ed., 2ª tiragem. São Paulo: Malheiros, 2008, p. 141.

da vida social, na mesma medida em que todo comportamento econômico é também um comportamento jurídico. Dessa forma, tanto melhor será a economia de uma sociedade quanto maior for o grau de satisfação proporcionada aos sujeitos que a compõem.[92]

Referido autor acentua que "o capitalismo propicia o crescimento econômico, mas o desenvolvimento econômico é aquele que afere a dignidade da existência de todos, num ambiente de justiça social".[93] O grau de sucesso de um Estado Democrático de Direito pode ser mensurado pelo cotejo entre a liberdade substancial dos indivíduos de fazer escolhas a respeito da vida que pretendem levar e a isonomia na distribuição dessa faculdade entre estes mesmos indivíduos.

Por fim, feitas tais ponderações, é preciso que se tenha em mente que a busca pela justiça social não é algo destituído de conflituosidade social. Conforme ensina Eros Roberto Grau, para buscar a justiça social é preciso, primeiramente, corrigir as injustiças do sistema econômico instalado:

> Justiça social, inicialmente, quer significar superação das injustiças na repartição, a nível pessoal, do produto econômico. Com o passar do tempo, contudo, passa a conotar cuidados, referidos à repartição do produto econômico, não apenas inspirados em razões micro, porém macroeconômicas: as correções na injustiça da repartição deixam de ser apenas uma imposição ética, passando a consubstanciar exigência de qualquer política econômica capitalista.[94]

---

92 *Princípios constitucionais da ordem econômica: o significado e o alcance do art. 170 da Constituição Federal*, passim.

93 PETTER, Lafayete Josué. *Princípios constitucionais da ordem econômica: o significado e o alcance do art. 170 da Constituição Federal*, p. 88.

94 *A ordem econômica na Constituição de 1988 (interpretação e crítica)*, p. 224.

Há, portanto, na ideia de busca de justiça social, inescapável caráter conflituoso, na medida em que, em última análise, trata-se de apropriação e redistribuição de excedentes econômicos, para torná--los socialmente isonômicos. A missão do sistema constitucional, na busca da efetiva justiça social, é a de conseguir administrar e solucionar esta conflituosidade, não permitindo sua exacerbação nem o esgarçamento do tecido social.

2. Sociedade contemporânea e atividade econômica globalizada

2.1. Sociedade contemporânea

O desenvolvimento tecnológico empreendido e testemunhado pela humanidade nos últimos quarenta anos não tem precedentes históricos. Há um fluxo antes inimaginável de informações, de ideias, de conhecimentos tecnológicos e científicos, bem como de capitais ao redor do planeta. A amplitude e a profundidade dessas transformações evidenciam verdadeira ruptura com o sistema de produção que lhe sucedeu, caracterizando o fenômeno econômico e cultural denominado globalização.

No entanto, nem todos os habitantes do planeta têm o direito de conviver e tomar parte dessa nova realidade. A sociedade contemporânea é uma sociedade de consumo por excelência. Nela, tudo é instantâneo, efêmero, volátil, e nada é feito para ter longa duração, nem mesmo as relações humanas, que são precárias.

A ânsia causada pelo desejo de consumir é mais importante do que a sua própria realização.[1] Assim, é pressuposto da lógica consu-

---

1 Zygmunt Bauman afirma que "a satisfação é o azar do desejo", acrescentando que "os consumidores são primeiro e acima de tudo acumuladores de satisfações; são colecionadores de coisas apenas num sentido secundário e derivativo". *Globalização: as consequências humanas.* Tradução Marcus Penchel. Rio de Janeiro: Zahar, 1999, p. 91.

mista contemporânea a exclusão de grande parte das pessoas da qualidade de partícipes do quadro social, porquanto é mais difícil torná-las consumidores do que mantê-las sob controle (e o direito penal é a principal ferramenta para tanto).

Como assinala Sérgio Salomão Shecaira, "globalização e exclusão são faces de uma mesma moeda. O mesmo processo que cria processos globais inovadores também transforma o mundo, com acento nos países subdesenvolvidos (ou eufemisticamente denominados em desenvolvimento) numa sociedade abissalmente desigual".[2]

Boaventura de Sousa Santos assinala como característica principal da sociedade globalizada contemporânea "o aumento dramático das desigualdades entre países ricos e países pobres e, no interior de cada país, entre ricos e pobres", destacando-se ainda neste quadro "a sobrepopulação", "a catástrofe ambiental", "os conflitos étnicos", "a migração internacional massiva" e "o crime globalmente organizado".[3]

Dalmo de Abreu Dallari afirma que a estratégia embutida no conceito de globalização é a de transmitir a ideia de que o mundo inteiro está unificado pelos padrões da atividade econômica capitalista e que não subsistem conflitos em relação a isso, de maneira que o Estado possa ser substituído pela iniciativa privada, representada pela figura onipresente e onipotente do mercado. No entanto, adverte referido autor que a globalização somente pode ser vista como sinônimo de inovações importantes no relacionamento entre Estados e das instituições econômicas e financeiras, encontrando-se, ainda, muito longe de significar alguma integração entre as sociedades humanas.[4]

---

2 "Globalização e Direito Penal". In: BITTAR, Walter Barbosa (coord.). A criminologia no Século XXI. Rio de Janeiro: Editora Lumen Juris, 2007, p. 215.

3 SANTOS, Boaventura de Souza (org.). A globalização e as ciências sociais, 3ª ed. São Paulo; Corteza Editora, 2005, p. 26.

4 Elementos de teoria geral do Estado. 28ª ed. São Paulo: Saraiva, 2009, p. 285-286.

POLÍTICA CRIMINAL E CRIMES ECONÔMICOS   77

Diante dessa realidade, evidencia-se a discussão sobre o papel do Estado ante a atividade econômica globalizada. Para uns, uma entidade obsoleta e fragilizada na sua capacidade organizatória e ordinatória; para outros, entidade política central, que mantém sua atribuição histórica de zelar pela regulamentação das atividades econômicas em busca de distribuir riquezas e atingir a justiça social.[5]

Ainda que se trate de um só fenômeno social, que se desdobra em duas faces inseparáveis, mas antípodas, por uma questão metodológica e de clareza do trabalho, a descrição e a análise da vida das pessoas na contemporaneidade serão feitas, separadamente, a partir das perspectivas dos incluídos e dos excluídos na sociedade de consumo. Entretanto, sempre deverá ser observado que a cada característica enumerada numa das categorias corresponderá o seu oposto na outra categoria, tal qual um negativo dos antigos filmes fotográficos.

2.1.1. Incluídos na sociedade de consumo

Na vida contemporânea, para aqueles que se encontram incluídos da sociedade de consumo, há verdadeira compressão das noções de tempo e de espaço.

As distâncias físicas encurtam-se perante as novas tecnologias de transporte de pessoas, coisas e informações. Diminui, também, o

---

5   Bastante interessante é a posição defendida por David Harvey a esse respeito. Para ele, nem o Estado nem suas instituições (tribunais e polícia, por exemplo) tornaram-se obsoletos, entretanto vêm sendo submetidos a uma "radical reconfiguração", especialmente no que se refere ao "equilíbrio entre coerção e consentimento, entre os poderes do capital e os dos movimentos populares, e entre o poder executivo e o poder judiciário, de um lado, e os poderes da democracia representativa, de outro". Verificar: O neoliberalismo – história e implicações. Tradução Adail Sobral e Maria Stela Gonçalves. São Paulo: Edições Loyola, 2008, p. 75-96.

tempo necessário para percorrê-las. Muitas vezes, esse tempo resume-se a um instante.

A distância, antes objetiva, torna-se, na contemporaneidade, um produto social. Sua extensão é variável em função da velocidade em que pode ser vencida, bem como em função do custo envolvido na produção da tecnologia apta a produzir esta velocidade.

O progresso tecnológico não beneficiou somente os meios de transporte de pessoas, mas beneficiou principalmente o transporte de informações, que passaram a viajar pelo espaço independentemente dos seus portadores físicos. O advento da internet transformou em instantânea a velocidade da informação, ao mesmo tempo em que barateou sobremaneira os seus custos.

O espaço parece não importar. A todo tempo, ele é relativizado, negado, anulado. Os incluídos na sociedade de consumo mudam-se de lugar a todo momento, seja viajando, seja navegando na internet, seja zapeando a televisão. Ainda que paradas, essas pessoas estão sempre em constante movimento. Como anota Zygmunt Bauman, trata-se de "um mundo com pontos de referência sobre rodas".[6]

Nesse mundo com novos pontos de referência, as telecomunicações apresentam-se como principal infraestrutura de um espaço-tempo emergente, como ressalta Boaventura de Sousa Santos. O tempo-espaço eletrônico, o ciberespaço ou o tempo-espaço instantâneo são privilegiados na relação de forças e poderes globais. Afasta-se, com isso, "a velha geografia do poder centrada em torno do Estado e do seu tempo-espaço".[7]

É claro que o fluxo das pessoas incluídas na sociedade de consumo ao redor do globo também se beneficia dos ganhos tecnológicos, tomando proporções descomunais quando comparado ao passado.

---

6 *Globalização: as consequências humanas*, p. 86.

7 SANTOS, Boaventura de Souza, A *globalização e as ciências sociais*, p. 41.

Para os incluídos, as fronteiras entre países são mitigadas, assim como o foram para a circulação de mercadorias, tecnologia e capital. A necessidade de vistos de entrada começa a ser ultrapassada, assim como os mercados tiveram de ser descentralizados, desformalizados, deslegalizados e desconstitucionalizados.[8]

Os incluídos na sociedade de consumo tornam-se extraterritoriais. A mobilidade é vista como fonte de poder e fator de estratificação social. Consubstancia-se em matéria-prima das novas hierarquias de caráter global, nos planos sociais, econômicos, culturais e políticos.

Seguindo a lógica do consumo em que estão incluídos, a ânsia causada pelo desafio da viagem ou da mudança é muito mais agradável do que chegar ou estar em algum lugar, momento em que se exaure ou está amortecido o desejo do consumo.

Em relação à noção de tempo, não é possível, também, escapar da lógica imposta pelo consumo. A marca principal é a da volatilidade. Cada objeto ou compromisso tem sua temporalidade intrínseca, ditada pela necessidade de seu próprio consumo, quando então se tornará exaurido e, consequentemente, desinteressante. Nem mais, nem menos.

Isso porque, na condição de consumidores, as pessoas não podem fixar sua atenção ou interesse de consumo num mesmo objeto por muito tempo. Quanto mais indóceis, impacientes e impetuosos, serão mais facilmente instigáveis e, por consequência, consumidores mais vorazes. A necessidade de imediatidade na satisfação do desejo faz com que a capacidade de consumo extrapole, e muito, suas reais necessidades naturais, fechando a lógica capitalista contemporânea.

Além disso, o tempo das decisões também se encurta, pois, na sociedade informacional, não se admitem elucubrações a respeito

---

8   Termos utilizados por José Eduardo FARIA no artigo "As transformações do direito". *Revista Brasileira de Ciências Criminais*, São Paulo: Revista dos Tribunais, ano 6, nº 22, abr./jun. 1998, *passim*.

de decisões que precisam ser tomadas, já que o pressuposto é o de que todas as informações necessárias estão sempre à disposição imediata, via satélite ou por meio da rede mundial de computadores. Vale o tempo da comunicação, o chamado *tempo real*. Dessa forma, a compressão da noção de espaço – nela, o termo *distância* perde o seu significado – comprime também a noção de tempo, exigindo imediatidade nas decisões.

Como sintetiza Zygmunt Bauman, "os habitantes do Primeiro Mundo (os incluídos na sociedade de consumo) vivem no tempo; o espaço não importa para eles, pois transpõem qualquer distância".[9]

Os fenômenos sociais acima narrados são reais e perceptíveis. No entanto, não é possível vislumbrá-los sem ter a perspectiva de que essa mesma sociedade contemporânea abriga, em seu interior, também os excluídos da sociedade de consumo. São as já referidas duas faces da mesma moeda. Como alerta Zygmunt Bauman, a "era da 'compressão espaço-temporal', da ilimitada transferência de informação e da comunicação instantânea, é também a era de uma quase total quebra de comunicação entre as elites instruídas e o *populus*".[10]

Em vista disso, como já havia sido previsto acima, será analisada, a seguir, a contemporaneidade sob o prisma dos excluídos da sociedade de consumo.

2.1.2. Excluídos da sociedade de consumo

Preliminarmente, como base das ulteriores colocações deste item, é necessário ressaltar que, na estrutura da sociedade contemporânea, os excluídos são consumidores frustrados (ou consumidores falhos),

---

9   *Globalização: as consequências humanas*, p. 97.

10 *Op. cit.*, p. 110.

já que sua pretensão de consumo é restringida por seus recursos, tornando frágil sua posição social.

Dentro da lógica da sociedade de consumo, os bens e os serviços produzidos são voláteis, projetados para terem pequena durabilidade, ao mesmo tempo em que se tornam, também, precárias as relações de trabalho (flexibilização dos direitos trabalhistas, empregos temporários, de carga horária parcial etc.), porquanto não há mais necessidade de grandes massas de mão-de-obra industrial. Essa realidade faz parte da agressividade estrutural ínsita da atividade econômica globalizada, erigida sobre o fundamento da liberdade absoluta na movimentação de capitais.

Em vista da agressividade da concorrência e da competitividade globalizada, vê-se diminuído o espaço de influência e importância dos meios tradicionais de atuação política (partidos e sindicatos). Não mais existem locais delimitados e facilmente identificáveis, dentro do sistema de produção, em que atuavam as formas coletivas de ação.

Ganha espaço, dessa forma, o individualismo, na medida em que a biografia de cada um é vista como única via de vencer as contradições estruturais do sistema. Em outras palavras, cada um tem de ser protagonista de sua própria história. Deixa de existir uma agenda pública de interesses coletivos, mas tão-somente um aglomerado de interesses individuais e preocupações privadas. O indivíduo deixa de ser cidadão político para se transformar em consumidor de mercado. "O sucesso e o fracasso individuais são interpretados em termos de virtudes empreendedoras ou de falhas pessoais (…) em vez de atribuídos a alguma propriedade sistêmica (como as exclusões de classe que costumam atribuir ao capitalismo)".[11]

---

11 HARVEY, David. *O neoliberalismo – história e implicações*. São Paulo: Edições Loyola, 2008, p. 76.

Na mesma proporção, desestrutura-se a percepção de classe social. Os indivíduos, mesmo que organizados, não têm forças para influir nos destinos da sociedade à qual pertencem, de maneira que se veem relegados, na prática, a uma verdadeira inação política, atividade que passa a ser tratada com simplista apatia ante a sensação de impotência em relação às perspectivas da vida futura. Nada podem fazer os indivíduos, organizados ou não, ante a irrefreável força do capital na definição de suas estratégias de multiplicação, o que pode incluir a mudança de continente da empresa em que trabalham, o enxugamento do aparato produtivo ou administrativo, dentre outras medidas de consequências drásticas para as pessoas de carne e osso.

Fora das estruturas produtivas industriais e dos rígidos horários fabris, os excluídos passam a dispor de abundância de tempo, que se revela inútil, na medida em que não têm como preenchê-lo. "Elas (estas pessoas, os excluídos) só podem matar o tempo, enquanto o tempo vai aos poucos matando-as."[12]

O principal critério de diferenciação social torna-se o grau de mobilidade da pessoa, o que influi na sua possibilidade de determinar para onde quer ir, ou mesmo sobre sua possibilidade de ficar onde está. São formadas verdadeiras barreiras que impedem a circulação dos excluídos, muitas vezes dentro de seu próprio país.

Em razão de sua imobilidade, são obrigados, os excluídos, a suportar, impassíveis, as grandes alterações que são impostas às localidades onde residem pela atividade econômica globalizada (ambientais, de condições de trabalho etc.). Isso se torna ainda mais dramático quando se tem em vista que, embora possam ter alguma visão sobre a outra face da moeda por meio da televisão ou da internet, acabam se descobrindo atados ao seu local de origem, já que são indesejados em quaisquer outros lugares.

---

12 BAUMAN, Zygmunt. *Globalização: as consequências humanas*, p. 97.

No plano interno, a premência pelo isolamento dos incluídos na sociedade de consumo, que vivem uma extraterritorialidade em seu próprio território, acaba fazendo com que os excluídos sejam reduzidos a guetos e bolsões, nos quais se interseccionam a marginalização econômica, a marginalização cultural e a marginalização social.

O espaço urbano fragmenta-se, desaparecem os espaços públicos, a comunidade urbana desintegra-se. A segregação imposta pela necessidade de segurança dos incluídos, a fim de que exerçam sua mobilidade com plenitude, torna a territorialidade e a imobilidade dos excluídos ainda mais humilhantes.

Em resposta, "os habitantes desprezados e despojados de poder das áreas pressionadas e implacavelmente usurpadas respondem com ações agressivas próprias: tentam instalar nas fronteiras de seus guetos seus próprios avisos de 'não ultrapasse'".[13]

Para controlar a situação, o direito penal passou a ser ferramenta utilizada em larga escala para garantir – mais do que a ordem – a "higiene" na sociedade contemporânea.[14] Os excluídos e sua presença indesejada são submetidos às políticas de "lei e ordem", à crescente criminalização da pobreza, às políticas deliberadas de extermínio de jovens (principalmente, por meio de forças policiais), dentre outras intervenções do gênero.

Como anota David Harvey, o Estado contemporâneo – neoliberal, na acepção de referido autor – usualmente recorre a legislações coercitivas e táticas de policiamento e vigia como estratégia-chave para coibir dissensões e oposições ao poder corporativo

---

13 *Op. cit. Globalização: as consequências humanas*, p. 29.

14 Como salienta Sérgio Salomão Shecaira, seria um erro justificar todo o fenômeno da criminalidade apoiando-se tão-somente no processo de desigualdade e exclusão social. No entanto, "equívoco maior seria ignorar e não destacar a existência da produção da delinquência nos guetos de miséria gerados pela sociedade globalizada e pós-moderna". Verificar: Globalização e Direito Penal. In: BITTAR, Walter Barbosa (coord.). *A criminologia no Século XXI*, p. 216.

comumente surgidas entre os "trabalhadores descartados e as populações marginalizadas".[15]

No plano internacional, os excluídos da sociedade de consumo veem-se restringidos pelas barreiras sociais e étnicas impostas pelos países ricos (desenvolvidos) às pessoas provenientes dos países pobres, elegantemente chamadas de política de imigração.

Em contrapartida ao progressivo fim da exigência de vistos de entrada para os incluídos (em consonância com o fim de barreiras à circulação de mercadorias, capitais e tecnologia), ganha especial relevo o controle de passaportes, a fim de garantir uma eficaz seleção dos indesejados, daqueles que jamais deveriam ter deixado o lugar de que são provenientes.

Dalmo de Abreu Dallari assinala que não existem, definitivamente, barreiras para movimentação do capital, embora subsistam, entre os Estados, divergências e conflitos a respeito da circulação de mercadorias e serviços, principalmente em razão do forte protecionismo econômico adotado pelas nações mais ricas. De toda forma, é certo que as resistências mais fortes podem ser verificadas nas graves restrições à livre circulação de trabalhadores e no refreamento de correntes migratórias, para quem as fronteiras entre os Estados continuam sempre fechadas. Referido autor cita como exemplo dessa situação a construção de um muro na fronteira entre os Estados Unidos da América do Norte e o México.[16]

Em vista disso, vê-se que, em contraposição à situação dos incluídos, os excluídos da sociedade de consumo vivem, na contemporaneidade, na dimensão do espaço. Como anota Zygmunt Bauman, "os habitantes do Segundo Mundo,[17] ao contrário, vivem

---

15 *O neoliberalismo – história e implicações*, p. 87.

16 DALLARI, Dalmo de Abreu, *Elementos de teoria geral do Estado*, p. 285-286.

17 Na obra de Zygmunt Bauman, a expressão "segundo mundo" é utilizada para referir-se aos excluídos da sociedade de consumo. Nada tem a ver com

no espaço, um espaço pesado, resistente, intocável, que amarra o tempo e o mantém fora do controle deles. O tempo deles é vazio: nele 'nada acontece'".[18]

2.2. Atividade econômica globalizada

A atividade econômica globalizada, desenvolvida no âmbito da sociedade contemporânea de maneira homogênea em qualquer lugar do planeta, não teve o efeito de amenizar os problemas advindos da desigual distribuição de riquezas pelos povos que o habitam. Ao contrário, intensificou-os, na medida em que não só fomentou a concentração de riquezas de algumas nações em detrimento de outras, mas também aprofundou diferenças e desigualdades dentro de cada país. Em decorrência, ocasionou um aprofundamento da divisão entre ricos e pobres, mesmo quando se considera o quadro social de países centrais e desenvolvidos.

A partir da década de 1980, principalmente nos Estados Unidos da América do Norte e na Inglaterra, começam a ganhar força estratégias políticas e econômicas que visavam a estruturar um novo padrão da atividade econômica, no qual a intervenção do Estado deveria ser minimizada ao extremo. Com o fim da experiência do socialismo real, a ideologia encarnada pela prática político-econômica dos governos Ronald Reagan e Margaret Tatcher passa a ser tratada como necessidade imperativa, derivada de um pretenso consenso, em todo o planeta.

As medidas socioeconômicas que necessitavam ser implementada em todos os países ao redor do planeta para que a atividade econômica pudesse desenvolver-se globalmente sem qualquer empecilho foram

---

a vetusta denominação dada, durante a Guerra Fria, aos países que compunham o chamado bloco socialista.

18 *Op. cit.*, p. 97.

as seguintes: *"liberalização financeira e comercial; disciplina fiscal; redução da intervenção do Estado na economia; privatização; livre entrada e saída de investimentos estrangeiros; e desregulamentação".*[19]

Além disso, passaram também a ser vistos como imperativo da atividade econômica contemporânea, para garantir o aumento da produtividade e a crescente margem de lucros, o aviltamento das relações trabalhistas e o fechamento de postos de trabalho.

A possibilidade de fomentar uma competição em nível global possibilitou ao capitalismo contemporâneo não depender da massa de trabalhadores ou da tolerância política de determinado país para implementar seus interesses.

Como ressalta José Eduardo Faria, a "substituição das enormes e rígidas plantas industriais de caráter fordista-taylorista por plantas mais leves, enxutas, flexíveis e multifuncionais" permitiu a distribuição, "entre distintas cidades, regiões, nações e continentes as diferentes fases de fabricação de seus bens".[20]

A globalização tornou a atividade econômica policêntrica[21] e, portanto, intangível, num fenômeno político assim sintetizado por Zygmunt Bauman:

---

19 CONCEIÇÃO, Jefferson José. O abc da crise. In: SISTER, Sérgio (org.). *O abc da crise*. São Paulo: Editora Perseu Abramo, 2009, p. 20. Este autor aponta como consequências sociais e econômicas desse modelo: "a exclusão social (milhões de famílias extraídas do mercado de trabalho e do mercado de consumo); o acirramento sem controle da competição em todos os níveis (inclusive entre países, regiões, governos); a desvalorização do papel do empreendedor produtivo em prol do 'especulador financeiro'; a instabilidade e a precarização das relações de trabalho (incluindo a informalização do trabalho e os baixos salários); o descaso com o desenvolvimento ambientalmente sustentável, entre outros."

20 FARIA, José Eduardo, "As transformações do direito", p. 231.

21 *Op. cit.*, p. 232.

POLÍTICA CRIMINAL E CRIMES ECONÔMICOS 87

(…) a quantidade global de trabalho disponível está enco-
lhendo – problema que não é, porém, macroeconômico,
mas estrutural, diretamente relacionado à transferência do
controle sobre fatores econômicos cruciais de instituições
representativas do governo para o jogo livre de forças do
mercado. (…) enquanto o capital flui livremente, a política continua irremediavelmente local. (…)[22]

Não conseguem opor embaraços à atividade econômica globalizada nem a organização política de determinado país, nem a luta
organizada dos trabalhadores. Isso porque a mão de obra ou é tercei-
rizada ou se desloca para o setor de serviços, em que a prestação se
dá em locais esparsos, ao contrário dos empregos industriais, agora es-
cassos, que propiciavam a reunião da massa trabalhadora no próprio
ambiente de trabalho.

Como consequência, as normas protetivas dos direitos dos trabalhadores e da previdência social não resistem a tamanha pressão e são
submetidas a um gradativo esfacelamento.

O poder da atividade econômica globalizada, de caráter transnacional, impõe gradativamente o enfraquecimento do Estado nacional, bem como pressupõe a ausência de um Estado global, na medida
em que as relações entre as empresas transnacionais e suas afiliadas
ganham mais importância no contexto econômico global que a relação dessas empresas com os Estados nacionais em que instalam suas
fábricas e escritórios.

Há uma pressão pela desregulamentação da atividade econômica
globalizada, o que significa, em última análise, separar o exercício
do poder real de decisão – extraterritorial – do exercício da atividade

───────────

22 *Em busca da política.* Tradução Marcus Penchel. Rio de Janeiro: Zahar,
2000, p. 27.

política. Perde o Estado o seu papel primordial de pautar a agenda das demandas sociais. A população excluída do mercado de consumo não exerce qualquer influência sobre a agenda ditada pelas pressões da atividade econômica globalizada na busca da tão sonhada autorregulamentação.[23] Desinteressa-se a agenda da atividade política pelo destino de tais pessoas, na medida em que sucumbem às pressões exercidas pelas necessidades do mercado de consumo. Assim, transforma-se o indivíduo de cidadão político em consumidor de mercado.

Boaventura de Sousa Santos enumera, como principais, três inovações institucionais demandadas pelas pressões exercidas pela atividade econômica globalizada: "restrições drásticas à regulação estatal da economia; novos direitos de propriedade internacional para investidores estrangeiros (...); subordinação dos Estados nacionais às agências multilaterais tais como Banco Mundial, o FMI e a Organização Mundial do Comércio".[24]

---

23 Em obra escrita em meados da década de 50, tratando sobre a crise de 1929, John Kenneth Galbraith vaticinou: "O mercado não desencadeia uma especulação sem alguma forma de racionalização. Porém, durante qualquer futuro *boom*, alguma virtude recém-descoberta do sistema da livre empresa será citada. Será observado que é justificado as pessoas pagarem os preços atuais — de fato, qualquer preço — para alcançar posição participativa no sistema. Entre os primeiros a aceitar essa racionalização estarão alguns dos responsáveis por aplicar os controles. Eles afirmarão que os controles não são necessários. Os jornais, alguns deles, concordarão, passando a criticar os que consideram certo ser preciso agir: serão chamados de homens de pouca fé." Cfe.: *1929: A grande crise*. Tradução Clara A. Colotto. São Paulo: Larousse do Brasil, 2010, p. 179. Não é outro o entendimento de Nouriel Roubini e Stephen Mihm: *A economia das crises: Um curso relâmpago sobre o futuro do sistema financeiro internacional*. Rio de Janeiro: Intrínseca, 2010, p. 289-294.

24 *A globalização e as ciências sociais*, p. 31. Num ponto mais à frente desse mesmo estudo, à página 38, Boaventura de Sousa SANTOS detalha as transformações nas molduras institucionais da sociedade exigidas pelas atividades econômicas globalizadas para que estas se desenvolvam, quais sejam: "a liberalização dos mercados; a privatização das indústrias e serviços; a desactivação das agências regulatórias e de licenciamento; a desregulação do mercado de

POLÍTICA CRIMINAL E CRIMES ECONÔMICOS   89

De acordo, ainda, com o referido autor, esse processo de desestatização, desformalização e de desregulamentação implica a transição do conceito de governo para o de governança, isto é, de um modelo político de regulação social e econômica, com o Estado no papel central, para outro no qual o Estado tem papel secundário e de mero coordenador de iniciativas da assim chamada *sociedade civil*. Há verdadeira intervenção do Estado no próprio Estado, a fim de que esse mesmo Estado deixe de intervir em diversos aspectos da vida social e econômica.[25]

O tempo em que se desenvolvem as atividades econômicas globalizadas – instantâneo – é absolutamente incompatível com a velocidade em que se dá a atuação dos Poderes constitutivos do Estado-nação. Passam a predominar as relações intra ou inter-empresas, mesmo que separadas geograficamente, em razão do alto grau de especialidade da atividade econômica, bem como das facilidades proporcionadas pela ausência de regulamentação. Criam-se, assim, mecanismos decisórios e de soluções de conflito que prescindem da produção legislativa estatal e da ação do Poder Judiciário.

Em vista das características acima apontadas, vale transcrever a definição de Ulrich Beck:

---

trabalho e a 'flexibilização' da relação salarial; a redução e a privatização, pelo menos parcial, dos serviços de bem estar social (privatização dos sistemas de pensões, partilha dos custos dos serviços sociais por parte dos utentes, critérios mais restritos de elegibilidade para prestações de assistência social, expansão do chamado terceiro sector, o sector privado não lucrativo, criação de mercados no interior do próprio Estado, como, por exemplo, a competição mercantil entre hospitais públicos); uma menor preocupação com temas ambientais; as reformas educacionais dirigidas para a formação profissional mais do que para a construção de cidadania; etc."

25 *Op. cit.*, p. 37.

Globalização significa, diante desse quadro, os processos, em cujo andamento os Estados nacionais vêem a sua soberania, sua identidade, suas redes de comunicação, suas chances de poder e suas orientações sofrerem a interferência cruzada de atores transnacionais.[26]

Na visão de Zygmunt Bauman, o fenômeno da globalização pode assim ser definido:

A globalização do capital, das finanças e da informação significa antes e acima de tudo sua fuga ao controle e administração locais e, principalmente, do Estado-nação. No espaço em que operam não há instituições reminiscentes dos mecanismos que o Estado republicano desenvolveu para participação política eficiente do cidadão. E onde não existem instituições republicanas não há também "cidadania". (…)[27]

Para que haja garantia do desenvolvimento seguro da atividade econômica de padrão global, é, portanto, necessário que se desloque o eixo do poder decisório do campo político para o campo dos "conhecimentos técnicos". Opera-se, com isso, verdadeiro inchaço da importância do Poder Judiciário ante os demais poderes constitutivos do Estado, na medida em que é mais seguro para os interesses das forças econômicas transnacionais que os conflitos sociais sejam resolvidos por meio de normas pré-estabelecidas e por um quadro técnico, altamente especializado e já conhecido por todos. Cria-se o mito da

---

26 *O que é globalização? Equívocos do globalismo: respostas à globalização.* Tradução André Carone. São Paulo: Paz e Terra, 1999, p. 30.

27 *Em busca da política*, p. 172.

segurança jurídica do investimento, em detrimento da segurança jurídica dos direitos adquiridos dos cidadãos.

A ausência de uma área sob a influência da ação política e dentro de uma lógica republicana permite a existência de uma outra característica da atividade econômica globalizada, que Zygmunt Bauman chama de proprietários ausentes.[28]

Como já se disse, a mobilidade é o principal critério contemporâneo de estratificação social. As pessoas que dispõem de capital para fazer investimentos, dessa forma, gozam de ampla liberdade de movimento ao redor do planeta. Podem viajar ou residir onde bem entendem.

A atividade econômica real – aquela que produz bens materiais e não vive apenas da especulação com o capital –, por maior mobilidade que tenha conquistado dentro das estratégias globalizadas, ainda assim não dispõe da mesma mobilidade dos investidores.

Esse quadro gera grande desconexão entre os interesses dos verdadeiros proprietários das empresas – os acionistas, investidores que podem estar em qualquer lugar do planeta – e os interesses daqueles que realmente tomam contato com o evolver da atividade econômica – empregados, fornecedores, comunidades que suportam as decisões empresariais.

Essa desconexão entre o proprietário ausente e as consequências da atividade econômica gera efeitos sociais que, embora graves, são difusos e de pouca visibilidade a curto prazo. Exemplificando, é uma comunidade composta por pessoas de carne e osso que suportará as drásticas alterações na estratégia de investimentos motivadas pelo "mau humor" do mercado financeiro, ou mesmo que conviverá com os efeitos das contenções de despesas com cuidados ambientais.

---

28 *Globalização: as consequências humanas*, p. 13-18.

A atividade econômica contemporânea gira, pois, sob a lógica de que suas implicações no mundo real, das pessoas de carne e osso, não interessam ao investidor, a quem, na qualidade de proprietário ausente do negócio, somente interessam os altos índices de lucro.

Nesse contexto, é necessário assinalar que, em razão do grande desenvolvimento tecnocientífico e da superespecialização alcançados pela atividade econômica globalizada na sua busca pela maximização dos lucros, surgem os grandes riscos envolvidos na produção capitalista contemporânea.

Embora tais riscos decorram de decisões racionais tomadas na condução da atividade econômica, frequentemente só há indeterminações e dúvidas a respeito de suas consequências, que por vezes atingem proporções imensuráveis sem que a coletividade ameaçada se dê conta imediata de sua existência. "Por representarem consequências secundárias do progresso tecnológico, constituem efeitos indesejados, não previstos ou não passíveis de serem previstos, de um ato humano inicialmente dirigido a fins positivamente valorados.[29] O principal deles é o risco ambiental inerente à atividade industrial, mas também podem ser mencionados os riscos envolvidos no manuseio da energia nuclear e da engenharia genética, por exemplo.[30]

Renato de Mello Jorge Silveira esclarece que, numa acepção genérica do termo, riscos sempre existiram. Aliás, na sociedade

---

29 MACHADO, Marta Rodriguez de Assis. *Sociedade do risco e Direito Penal: uma avaliação de novas tendências político-criminais*. São Paulo: IBCCRIM, 2005 (Monografias IBCCRIM; vol. 34.), p. 39.

30 Pierpaolo Cruz BOTTINI pontua que a procedência humana do risco imanente à atividade econômica globalizada permite ao gestor público indicar parâmetros buscando neutralizá-lo. As atividades econômicas que apresentem periculosidade maior do que o limite permitido passam a ser objeto de medidas restritivas, dentro de uma proporcionalidade que permite, inclusive, a incidência do direito penal sobre as condutas arriscadas. Verificar: *Crimes de perigo abstrato e princípio da precaução na sociedade de risco*. São Paulo: Editora Revista dos Tribunais, 2007, p. 35-41.

POLÍTICA CRIMINAL E CRIMES ECONÔMICOS 93

contemporânea, encontram-se minorados muitos dos riscos a que os indivíduos estavam expostos em períodos históricos anteriores, tais como doenças, catástrofes naturais ou mesmo determinado tipo de violência. O risco a que se quer referir é aquele advindo do processo social de pós-industrialização, o qual atinge proporção nunca antes vista quando considerado em termos coletivos, por meio de situações não bem conhecidas e que abalam a própria estrutura social.[31]

Na concepção de Ulrich Beck, os riscos imanentes ao desenvolvimento da atividade econômica globalizada inegavelmente são suportados pelas classes mais baixas ou mesmo pelas populações dos países mais pobres e periféricos, na medida em que as indústrias criadoras de grandes riscos buscaram instalar-se nos locais onde os salários são mais baixos, criando uma "'força de atração' sistemática entre a pobreza extrema e os riscos extremos".[32] Para as populações excluídas dos países periféricos, as fábricas são vistas como símbolos de êxito e esperança de progresso, olvidando-se as ameaças ambientais que representam.[33]

No entanto, como conceitua Ulrich Beck, há, na sociedade de risco, o chamado efeito bumerangue, uma vez que os efeitos secundários e indesejados da atividade industrial e exploratória do capitalismo globalizado atingem também os países centrais e os incluídos na sociedade de consumo, por meio das cadeias alimentares, que "conectam todos os habitantes da terra".[34] Por meio dos alimentos, os pesticidas pulverizados nas plantações localizadas nos países periféricos voltam à sua pátria industrializada. Assim, conclui que "as

---

31 *Direito penal econômico como direito penal de perigo.* São Paulo: Editora Revista dos Tribunais, 2006, p. 36-37.

32 *La sociedad del riesgo.* Tradução Jorge Navarro, Daniel Jiménez e Maria Rosa Borrás. Barcelona: Paidós Ibérica, 1998, p. 47, tradução livre do autor.

33 *Idem, ibidem,* p. 42-50.

34 *Op. cit.,* p. 42, tradução livre do autor.

sociedades de risco não são sociedades de classes; suas situações de perigo não podem ser pensadas como situações de classes, nem seus conflitos como conflitos de classes".[35]

A posição defendida por Zygmunt Bauman,[36] embora não totalmente contraposta à de Ulrich Beck, é mais incisiva. Para referido autor, o centro de poder decisório da atividade econômica desenvolvida no plano global fica fora da localidade onde ela e seus riscos se materializam em virtude de decisões racionais. Enquanto os empregados são recrutados na população local e a cadeia de fornecedores e prestadores de serviços indiretos vive no entorno da localidade, o investidor vive a milhares de quilômetros de distância e pode confortavelmente decidir suspender seus investimentos naquele negócio, desfazer-se de suas ações, para investir numa empresa localizada em outro continente no momento seguinte. Incumbirá aos locais "a tarefa de lamber as feridas, de consertar o dano e se livrar do lixo".[37]

Aliás, pondo em evidência um efeito bumerangue de sentido oposto àquele apontado por Ulrich Beck, Zygmunt Bauman, ao tratar do lixo produzido pela sociedade de consumo, assinala que:

> (...) As nações ricas podem ostentar uma densidade populacional elevada porque são centros de 'alta entropia', drenando recursos, sobretudo as fontes de energia, do resto do mundo, e devolvendo em troca o refugo poluente, muitas vezes tóxico, do processamento industrial que esgota,

---

35 BECK, Ulrich. *La sociedad del riesgo*, Barcelona: Paidós Ibérica, 1998, p. 42, tradução livre do autor.

36 *Globalização: as consequências humanas*, p. 13-16.

37 *Op. cit.*, p. 15.

aniquila e destrói grande parte dos recursos energéticos do planeta.[38]

Em relação às consequências humanas desse quadro criado pela atividade econômica globalizada, José Eduardo Faria faz o diagnóstico de que "os 'excluídos' no plano econômico convertem-se também nos 'sem-direitos' no plano jurídico, não mais parecendo como portadores de direitos subjetivos públicos".[39]

São excluídos, na acepção de Zygmunt Bauman, os consumidores falhos, isto é, aqueles que não dispõem dos recursos necessários para ajudar na ampliação do mercado consumidor, de maneira que não se mostram lucrativos para a indústria de consumo.[40]

A concepção de Boaventura de Sousa Santos, embora com outra terminologia, não é diferente: "a economia é, assim, dessocializada, o conceito de consumidor substitui o de cidadão e o critério de inclusão deixa de ser o direito para passar a ser a solvência. Os pobres são os insolventes (o que inclui os consumidores que ultrapassam os limites do sobre-endividamento)".[41]

Sendo os consumidores o principal ativo da sociedade de consumo, são os consumidores falhos, ou insolventes, o seu passivo mais custoso e irritante, não obstante haja um esforço para tratá-los apenas como um efeito colateral objetivo, justificado, inevitável e estatisticamente compreensível, do desenvolvimento proporcionado pela atividade econômica globalizada e por sua competitividade desenfreada. Busca-se, com isso, apagar do imaginário dos incluídos a insuportável

---

38 *Vidas desperdiçadas*. Tradução Carlos Alberto Medeiros. Rio de Janeiro: Zahar, 2005, p. 58.

39 "As transformações do direito", p. 239.

40 *Op. cit.*, p. 52-54.

41 SANTOS, Boaventura de Souza. A *globalização e as ciências sociais*, p. 35.

ideia sobre a condição de refugo humano a que são reduzidos os excluídos pelas engrenagens da sociedade de consumo.

No processo que lhes retira toda visibilidade – a exemplo do que é feito com o refugo do processo industrial – os consumidores falhos ou insolventes deixam de ser tratados como questão social para serem tratados como uma questão de lei e ordem. Deslocam-se as questões públicas e sociais para o âmbito do Direito Penal, na medida em que os comportamentos desviantes passam a ser vistos como mera ameaça à segurança das pessoas ou da propriedade. Criminaliza-se, como isso, a incapacidade de participar da sociedade de consumo, com a finalidade de colocar o refugo humano composto pelos consumidores falhos bem longe dos incluídos da sociedade de consumo, tal como se faz com o refugo industrial, transladado para os países periféricos, bem longe dos países centrais.[42]

2.3. Caso brasileiro: atividade econômica globalizada submetida aos ditames da justiça social

Tomando como base de sua atuação o quadro – contemporâneo e globalizado – em que se encontra inserida a sociedade e economia brasileiras neste momento, é preciso que as perspectivas de intervenção estatal, por meio da ação política, sobre a atividade econômica desenvolvida no Brasil, tenham como ponto de partida o modelo

---

42 "Os refugiados, os deslocados, as pessoas em busca de asilo, os migrantes, os *sans papier* constituem o refugo da globalização. Mas não, nos nossos tempos, o único lixo produzido em escala crescente. Há também o lixo 'tradicional' da indústria, que acompanhou desde o início a produção moderna. Sua remoção apresenta problemas não menos formidáveis que a do refugo humano (...)". ZYGMUNT, Bauman. *Vidas desperdiçadas*, p. 76.

social e jurídico preexistente, bem como vislumbrem aquele que está por sucedê-lo.[43]

A evolução do modelo social e jurídico preexistente – Estado Democrático de Direito em construção, sob a égide de uma Constituição dirigente – e aquele que está por lhe suceder – submissão aos ditames da justiça social – passa necessariamente pelo estabelecimento de estratégias e valores para a ação política, o que compreende também, como se verá adiante, a ação da política criminal.

Isso porque uma sociedade realmente autônoma somente se viabiliza por meio da realização de seu ideário e de seu projeto político, que, no caso brasileiro, encontram-se inscritos na Constituição dirigente.

Nesse contexto, em que o Estado-nação vê-se enfraquecido ante o poderio da atividade econômica transnacional, é importante ressaltar a advertência de Alberto Silva Franco:

> (…) é necessário que se recomece a pensar politicamente, e que se reconstrua o Estado-nação, que, cooperando com outros Estados-nações, esteja dotado de força para inibir as empresas transnacionais no seu propósito de 'minimizar o pagamento de impostos e maximizar as subvenções estatais', para fiscalizar os bancos e instituições financeiras e para recuperar sua centralidade e sua capacidade de intervenção. (…)[44]

Concluindo o seu raciocínio, Alberto Silva Franco assevera que, "só com este Estado-nação reinventado, é possível que os processos de inclusão sobrepujem os de exclusão".

---

43 SHECAIRA, Sérgio Salomão. "Globalização e Direito Penal", p. 212.

44 "Globalização e criminalidade dos poderosos". *Revista Brasileira de Ciências Criminais*, São Paulo: Revista dos Tribunais, ano 8, n° 31, p. 118-119, jul./set. 2000.

A implantação do conteúdo ideológico da Constituição de 1988, dirigente e transformadora, exige do Estado brasileiro uma ação política, no âmbito dos três Poderes constitutivos da República, que coloque a ordem econômica sob a lógica e os ditames da justiça social.

Isso se faz necessário porque, como assinala Zygmunt Bauman, "o discurso neoliberal fica ainda mais 'forte' à medida que prossegue a desregulamentação, enfraquecendo as instituições políticas que poderiam em princípio tomar posição contra a liberdade do capital e da movimentação financeira".[45]

Agir politicamente para inverter essa tendência significa perseguir, como objetivos, o desenvolvimento nacional; a construção de uma sociedade livre, justa e solidária; a erradicação da pobreza e da marginalização; a redução das desigualdades sociais. Tudo como forma de que o Estado Democrático de Direito em que se constitui o Brasil construa uma sociedade verdadeiramente autônoma, de acordo com um projeto nacional próprio, e dê vida real a dois de seus fundamentos: a proteção da dignidade da pessoa humana e o exercício da cidadania e todas as suas potencialidades.

A ação política, iluminada pelo conteúdo valorativo e pelo dirigismo constitucional, não pode conformar-se em ver transformados tais fundamentos e objetivos do Estado brasileiro em meras palavras de cunho apenas simbólico ou retórico, que sobrevivem no texto constitucional apenas em razão de seu forte apelo comunicativo e poder de persuasão.[46] É preciso aproximar a ação política da órbita da atividade econômica globalizada.

Como bem salienta Lafayete Josué Petter:

---

45 *Em busca da política*, p. 36.

46 Em sentido contrário: FARIA, José Eduardo. "As transformações do direito", p. 235-236.

A busca de uma igualdade substancial e mesmo a abolição de injustificados privilégios de alguns, distribuindo equitativa e proporcionalmente os ônus, os favores e as riquezas da produção social, sem nos deixarmos cair num sociologismo divorciado da ideologia constitucionalmente adotada, eis aí alguns dos objetivos visados pela justiça social. (...)[47]

Em outras palavras, é preciso que a ação política faça novamente do Estado ator privilegiado na regulamentação da ordem econômica e na formalização das atividades econômicas, reduzindo o grau de incerteza com que operam e sempre com vistas ao estrito respeito aos imperativos constitucionais da dignidade da pessoa humana e da justiça social.

A observância desses imperativos constitucionais ganha especial relevo no presente momento histórico, em que ainda se fazem presentes as consequências da chamada crise dos *subprimes* ou derivativos, que acabou por influenciar negativamente a atividade econômica em todo o planeta, inclusive no Brasil, ainda que numa escala mais reduzida. Um dos principais pilares sobre o qual se agigantou a atividade econômica globalizada – a desregulamentação do fluxo de capitais – foi apontado como a mais importante causa da falta de liquidez do sistema financeiro mundial, baseado em créditos podres, valendo-se de balanços fraudados com a finalidade de falsear a realidade de prejuízos e de criar um mundo de sonhos, no qual os lucros eram sempre estratosféricos.

A mais contundente resposta à crise foi proveniente do governo estadunidense – País-berço do neoliberalismo e que sempre ocupou

---

47 *Princípios constitucionais da ordem econômica: o significado e o alcance do art. 170 da Constituição Federal*, p. 201.

posição de vanguarda no mundo globalizado – e se consumou por meio de uma estrondosa intervenção na economia, a maior desde a década de 30 do século XX, quando o mundo sofria os efeitos do *crack* da Bolsa de Nova York ocorrido em 1929. "A grave crise no núcleo do sistema financeiro internacional desmoralizou as teses neoliberais sobre as supostas virtudes da autorregulamentação dos mercados, enquanto a vigorosa intervenção estatal nos países centrais mostrou que o capitalismo depende muito da ação do Estado, algo que pouco tempo atrás soava como heresia."[48]

O governo estadunidense, sob o pálio de conter os efeitos cumulativos da crise que se disseminou pelo planeta, não se pejou de intervir, subvencionar e, até mesmo, tornar-se sócio de empresas transnacionais do porte da seguradora AIG, da montadora de automóveis General Motors, do Citigroup, inclusive praticando atos de administração, tais como demitir presidentes e diretores, contratando outros que os substituíssem, ou mesmo cancelar a distribuição de dividendos para acionistas e bônus para os executivos.[49]

No Brasil, ainda que em menor escala, também houve ações efetivas do poder público – como, por exemplo, o corte temporário de alguns tributos incidentes na produção de bens de consumo e a intervenção no mercado cambial –, visando a estimular o consumo e a retomada da atividade econômica. No entanto, num verdadeiro

---

48 CARVALHO, Carlos Eduardo. A intervenção estatal na crise e a crise do neoliberalismo. In: SISTER, Sérgio (org.). *O abc da crise*. São Paulo: Editora Perseu Abramo, 2009, p. 165-176.

49 Os intrincados mecanismos que geraram a chamada crise dos *subprimes*, bem como as estratégias adotadas pelo governo estadunidense para tentar conter seus efeitos podem ser vistos em: ROUBINI, Nouriel; MIHM, Stephen. *A economia das crises: Um curso relâmpago sobre o futuro do sistema financeiro internacional*. Rio de Janeiro: Intrínseca, 2010. Interessante, também, é abordagem do filme "Trabalho Interno" (*Inside Job*), dirigido por Charles Ferguson, vencedor do Oscar de melhor documentário no ano de 2011.

POLÍTICA CRIMINAL E CRIMES ECONÔMICOS 101

contrassenso, foi voz corrente, inclusive na imprensa internacional, que o Brasil acabou se beneficiando de sua própria suposta indolência, já que, não tendo sido capaz de implementar todas as reformas (desregulamentações) necessárias para o "bom" funcionamento dos mercados, seu sistema financeiro encontrava-se muito mais sólido do que a média mundial.[50]

Passado o momento mais agudo da crise, as vozes dos que defendem a liberdade ilimitada da atividade econômica novamente se levantam, de maneira que é preciso que a ação política, iluminada pela busca incessante da concretização dos conteúdos dirigentes inscritos na Constituição de 1988, permaneça atuante, pois somente uma atividade econômica regulamentada é que poderá trazer ao Brasil o necessário equilíbrio entre a produção de riquezas, o desenvolvimento nacional, a diminuição das desigualdades e a erradicação da pobreza, construindo uma sociedade livre e justa.

---

50 Disponível em: <www.economist.com/PrinterFriendly.cfm?story_id=13243343>. Acesso em: 27 de abril de 2009.

3. Crimes econômicos

3.1. Parâmetros da delimitação das conceituações

Para que se possa corretamente dizer o que são crimes econômicos, é preciso, primeiro, ter-se em vista que o conceito de delito não é o mesmo para o direito penal e para a criminologia, mesmo porque é certo que esta última somente pode exercer o seu papel científico sobre a necessidade, ou não, de incriminação de uma conduta quando atuar desvinculada das amarras que lhe impõe o conceito jurídico-penal de crime.[1]

É verdade que, no passado, a chamada criminologia tradicional, operando papel meramente auxiliar e subordinado dentro das ciências criminais, iniciava suas investigações científicas a partir de uma visão sólida e monolítica de delito, representada por seu conceito jurídico-penal e pela natureza ontológica de sua existência. No entanto, na atualidade, a criminologia, após ter sofrido grandes influxos das ciências sociais, passou a exercer postura crítica em relação ao conceito de delito, relativizando-o e problematizando-o, na mesma

---

1   SHECAIRA, Sérgio Salomão. *Criminologia*. 2ª ed. rev., atual. e ampl. São Paulo: Editora Revista dos Tribunais, 2008, p. 48-51.

medida em que passou a perseguir uma análise global, totalizadora e multidimensional do problema criminal.[2]

O direito penal foca sua visão sobre o crime no comportamento do indivíduo. A ação humana relevante para o direito penal deve ser típica, ilícita e culpável, isto é, descrita pela lei penal, contrária ao direito e reprovável social e individualmente.[3] A aferição de tais critérios dá-se dentro de uma operação individual de subsunção do fato à norma, comum aos operadores do direito.

As condutas estabelecidas como crime pelo direito penal não necessariamente se fundamentam na sua própria natureza intrínseca, na medida em que não passam de um produto advindo de construções jurídicas e da atuação dos órgãos de controle social.[4] A criminologia, por sua vez, propõe-se a "lançar luz sobre a 'fenomenologia' do comportamento desviante em geral, analisar os modelos de actuação das instâncias de controlo e reacção, e indagar dos efeitos (positivos ou negativos) das reacções criminais".[5]

Assim, à criminologia, que concebe o crime como fenômeno comunitário e problema social, não basta a definição jurídica de delito para que o considere como tal. É preciso considerar os fatores ou os critérios sociais e culturais que definem a inclusão de determinado

---

2 GARCÍA-PABLOS DE MOLINA, Antonio. *Tratado de criminologia*. Tomo I. 1ª ed. Santa Fé: Rubinzal-Culzoni Editores, 2009, p. 85-88.

3 Embora não se desconheça corrente doutrinária minoritária que define crime como fato típico e antijurídico, apenas. A culpabilidade constitui pressuposto da pena. Verificar: JESUS, Damásio E. de. *Direito penal*. Vol. 1. Parte geral. 18ª ed. São Paulo: Saraiva, 1994, p. 131-133.

4 Para Sérgio Salomão SHECAIRA, "o direito penal e a criminologia aparecem assim como duas disciplinas que têm o mesmo objetivo com meios diversos: a criminologia com o conhecimento da verdade, e o direito penal com a valoração interessada dessa mesma realidade". *Criminologia*, p. 44.

5 DIAS, Jorge de Figueiredo; ANDRADE, Manuel da Costa. *Criminologia: o homem delinquente e a sociedade criminógena*. 2ª reimpressão. Coimbra: Coimbra Editora, 1997, p. 83.

fato humano – muitas vezes, até então rotineiro e socialmente aceito – no rol de condutas previstas pelo direito penal, assim como os
fatores que estabelecem que determinada conduta fique à margem
do direito penal.[6]

Como advertem Jorge de Figueiredo Dias e Manoel da Costa
Andrade, a discussão sobre o objeto da criminologia passa, necessariamente, pela análise das formações sociais vigentes, de modo que
a discussão sobre o que é e o que deve ser crime tem inegável viés
político. A partir da segunda metade do século XX, com o surgimen-
to das escolas criminológicas de inspiração interacionista e marxista,
baseadas na ideia de conflito e não de consenso social, o conceito de
crime deixou de ser algo unívoco, objetivo ou universal, passando a
ser considerado em sua construção, critérios como danosidade social
e violação dos direitos humanos.[7]

Também partindo da premissa de que não há neutralidade do
observador quando se trata de ciências humanas, o que inclui a criminologia, Sérgio Salomão Shecaira afirma que essa ciência busca
reunir informações válidas e confiáveis sobre o fenômeno criminal,
baseando-se em métodos empíricos para haurir conhecimento sobre
a realidade. Quando aplicado de maneira crítica, o método criminológico de obtenção de conhecimento faz com que o observador
insira-se na própria realidade observada, buscando explicações que a
transcendam e alternativas que a transformem.[8]

---

6 "Para a Criminologia, a correta qualificação jurídica da hipótese é algo secundário, formal, porque o que lhe interessa é obter uma imagem global do fato e
   de seu autor". In: GARCÍA-PABLOS DE MOLINA, Antonio. *Tratado de criminologia*,
   p. 89. Tradução livre do autor.

7 *Criminologia: o homem delinquente e a sociedade criminógena*, p. 63-90.

8 *Criminologia*, p. 37-48. Também criticando a pretensa objetividade da ciência: ELBERT, Carlos Alberto. *Novo manual básico de criminologia*. Tradução de
   Ney Fayet Júnior. Porto Alegre: Livraria do Advogado Editora, 2009, p. 47-48.

Cumprindo seu objetivo científico, "ocupa-se a criminologia do estudo do delito, do delinquente, da vítima e do controle social do delito e, para tanto, lança mão de um objeto empírico e interdisciplinar".[9]

Para tanto, continua Sérgio Salomão Shecaira, os critérios sociais e culturais que devem balizar o objeto científico de observação criminológica são sua incidência massiva na população, a incidência aflitiva de sua ocorrência, sua persistência espaço-temporal e a existência de inequívoco consenso sobre seu desvalor social e sobre a necessidade de estabelecer técnicas de intervenção.[10]

Quando se diz que um fato, para ser considerado crime, deve ter incidência massiva na população, quer-se dizer que um fato isolado, que não se reitera, ainda que sua ocorrência tenha causado determinada comoção social por um determinado período e num determinado local, não pode ser erigido à condição de delito.[11]

Além disso, é preciso que a sua incidência, além de massiva, seja também aflitiva, isto é, tenha relevância social. Nos dizeres literais de Sérgio Salomão Shecaira, "é natural que o crime produza dor, quer à vítima, quer à comunidade como um todo".[12]

Não basta, também, que a incidência de determinado fato seja massiva e aflitiva, pois é preciso que ele apresente persistência espaço-temporal, ou seja, sua ocorrência seja distribuída pelo território de determinado Estado e apresente reiteração ao longo de determinado

---

9   SHECAIRA, Sérgio Salomão. *Criminologia*, p. 43. No mesmo sentido: GARCÍA--PABLOS DE MOLINA, Antonio. *Tratado de criminologia*, p. 67-76.

10   *Op. cit.*, p. 49 e segs.

11   Nos dizeres de Antonio García-Pablos de Molina, "criminologicamente, o delito deve ser visto não só como fato individual, mas também como fato social, coletivo, e com magnitude suscetível de quantificação". In: *Tratado de criminologia*, p. 93. Tradução livre do autor.

12   *Op. cit.*, p. 50.

período de tempo. Comportamentos cuja reiteração não representam nada mais do que "uma moda fugaz"[13] não podem ser erigidos à condição de crime em razão de sua própria fugacidade.

Por fim, quando um fato apresenta as três características acima enumeradas, é necessário, ainda, para ser considerado como crime do ponto de vista criminológico, que haja, a seu respeito, inequívoco consenso a respeito de sua etiologia, bem como a respeito das técnicas de intervenção que serão mais eficazes para combater sua reiteração.

Como se vê, nem tudo que é considerado antissocial do ponto de vista criminológico é também considerado crime do ponto de vista da dogmática jurídico-penal, assim como há ações previstas como crime pela legislação jurídico-penal que não têm qualquer relevância para as investigações criminológicas.

Em vista disso, Jorge de Figueiredo Dias e Manuel da Costa Andrade afirmam, com acerto, que "entre a criminalidade oficial e a 'criminalidade efectivamente cometida' há consideráveis defasamentos quantitativos e mesmo qualitativos: não representam apenas duas grandezas, mas também duas realidades distintas".[14]

Como já dito, sob a perspectiva da criminologia, o conceito de delito não se encontra preso às amarras que lhe impõe a tipicidade prevista no ordenamento jurídico-penal. O objeto de estudo criminológico ultrapassa os limites da dogmática e preocupa-se com o comportamento, com as estruturas e com as causas do comportamento desviante. Da mesma forma, a etiologia, o diagnóstico, a terapia e a prognose criminais ultrapassam os limites do estatuto repressivo.

Embora reconheçam que algumas das tarefas básicas da criminologia (como, por exemplo, a criação de metodologia para elaboração de estatísticas oficiais sobre o fenômeno criminal ou sobre a

---

13 *Idem, ibidem*, p. 51.

14 *Criminologia: o homem delinquente e a sociedade criminógena*, p. 70.

vitimização) não possam prescindir de uma referência jurídico-penal (nominal, juridicamente sancionada) sobre o crime, especificamente a respeito do estudo criminológico sobre criminalidade econômica, fim último do presente trabalho, Jorge de Figueiredo Dias e Manuel da Costa Andrade advertem expressamente que:

> (...) não se pode pretender que respeite tal definição o criminólogo que, em ordem a um eventual alargamento do chamado direito penal económico, se propõe a pôr a descoberto a fenomenologia da deviance dos operadores económicos. Neste segundo caso terá obviamente de optar pelo conceito de conduta socialmente danosa, isto é, lesiva de valores ou interesses económicos de relevo. Para além destes, há domínios da investigação criminológica onde será necessário tentar construir definições reais, v.g., definições causais ou teoréticas.[15]

Assim, concluem referidos autores,[16] a criminologia, quando iluminada por uma intencionalidade crítica ao direito penal vigente, opera com uma pluralidade de conceitos de crime, que excede o mero conceito sociológico sobre o comportamento desviante, na mesma medida em que também excede o seu puro conceito jurídico-penal, considerando-os, ambos, de forma conglobante, totalizadora, "sem mediações formais ou valorativas que relativizem ou obstaculizem seu diagnóstico".[17]

Analisada sob as luzes desses fundamentos, permanece ainda atual o pensamento de Nestor-Constantin Courakis no sentido de que,

---

15 *Idem, ibidem*, p. 83-84.

16 *Op. cit.*, p. 90.

17 *Op. cit.*, p. 44.

do ponto de vista criminológico, os crimes econômicos podem ser classificados a partir do critério consistente em ter, ou não, previsão nos vários ramos do ordenamento jurídico.[18]

Referido autor propõe, então, a classificação dessas condutas desviantes de caráter econômico em três categorias: os *crimes em sentido próprio*, os *crimes quase legais* e os *crimes não previstos em lei*.

Os *crimes econômicos em sentido próprio* são aqueles previstos pela lei penal e punidos por meio de uma sanção penal (pena), a exemplo de qualquer outro crime previsto na legislação.

Por sua vez, os *crimes econômicos quase legais* são aquelas condutas que permanecem à margem do direito penal, embora tenham normatização e sancionamento em outros ramos do direito, tais como o direito civil e o direito administrativo.

Já os *crimes econômicos não previstos em lei* são aquelas condutas que, mesmo sendo antissociais e lesivas à ordem social, permanecem à margem ou se embrenham nas lacunas da lei. No entanto, afirma Nestor-Constantin Courakis, "do ponto de vista criminológico, são crimes verdadeiros".[19]

Estabelecidas as delimitações existentes entre os campos de conhecimento e de intervenção da criminologia e do direito penal – entre os quais a integração será feita pela política criminal, como se verá no capítulo a seguir –, torna-se possível fixar os parâmetros em torno dos quais serão desenvolvidas as conceituações sobre criminalidade econômica nos itens vindouros.

---

18 Introduction à l'étude de la criminalité en col blanc. *Revue de science criminelle et de droit pénal comparé*. Paris: Sirey, nº 1 (nova série), jan./mar. 1974, p. 773-774. Referido autor utiliza-se do termo "crimes do colarinho branco", conceito eminentemente criminológico. Entretanto, seus ensinamentos podem ser aplicados à chamada criminalidade econômica, vista sob uma ótica conglobante e totalizadora do delito. Ambos os termos, embora muito próximos, não são sinônimos, mas complementares, conforme será tratado logo a seguir.

19 Tradução livre do autor.

Dentro de uma visão conglobante e totalizadora do fenômeno criminal, serão trabalhadas conceituações construídas a partir da criminologia e da dogmática jurídico-penal. Criminologicamente, as conceituações partirão do conhecimento da realidade das ações desviadas no campo econômico, sejam elas previstas no ordenamento jurídico-penal ou não, analisando-se, para tanto, as estruturas dessas ações socialmente danosas, principalmente quanto ao autor, aos meios de cometimento e à vítima. A abordagem jurídico-penal será feita primordialmente com foco no caráter supraindividual do bem jurídico tutelado.

Somente com a conciliação desses dois enfoques é que será possível prosseguir com o intento da presente dissertação, que é o de fazer uma leitura constitucional sobre o âmbito de proteção a que se deve prestar o direito penal econômico no Brasil, discutindo-se, na sequência, a incidência de propostas político-criminais sobre ele, sempre de maneira a atender aos comandos emanados do conteúdo dirigente da Constituição de 1988.

3.1.1. Pequeno histórico

A criminalidade econômica, tal qual existente na sociedade contemporânea, teve desenvolvimento concomitante ao desenvolvimento do capitalismo, principalmente a partir do grande desenvolvimento tecnológico e da enorme complexidade social que marcaram a atividade econômica no século XX.

O conceito moderno de direito penal econômico surgiu a partir do período histórico compreendido entre as duas grandes guerras mundiais do século passado – que abrange, inclusive, a grande depressão de 1929. A criação do modelo econômico chamado de *welfare state*, principalmente a partir da década de 1930, obrigou os Estados-nacionais a adotarem outra postura política, muito mais intervencionista, ante o liberalismo que até então regia as atividades econômicas. O direito penal passa, então, a exercer importante função de intervenção e proteção das economias fragilizadas dos Estados Unidos da América do Norte e de países da Europa, contribuindo para o redirecionamento e para a reformulação dessas economias, que deixam a égide absoluta do mercado para passar à orbita de ingerência estatal.[20]

Renato de Mello Jorge Silveira, embora aponte como marco histórico do início do direito penal econômico a Primeira Grande Guerra, em virtude do abalo às estruturas sociais e à mobilização requerida pelo esforço de guerra, que acabaram obrigando o Estado a intervir e controlar o mercado, não dissente de que a crise de 1929 colocou realmente em xeque o liberalismo econômico exacerbado reinante até então. Grandes corporações monopolistas começaram a vislumbrar a possibilidade de auferir lucros irreais e insustentáveis por meio do distanciamento entre os custos de produção e os preços finais praticados.[21]

Sintética e precisa a descrição de Sérgio Salomão Shecaira a respeito do círculo vicioso em que mergulhou a economia mundial naquele período histórico, carreada que foi pela espiral especulativa que tomou a economia estadunidense:

> (…) O jogo na Bolsa de Valores torna-se desenfreado. Compravam-se títulos às centenas, por preço baixo, e dias depois eram vendidos por quantias muitas vezes superiores. A especulação torna-se avassaladora e enormes

---

20 ROYSEN, Joyce. Histórico da criminalidade econômica. *Revista Brasileira de Ciências Criminais*. São Paulo: Revista dos Tribunais, ano 11, nº 42, jan./mar. 2003, p. 192-194.

21 SILVEIRA, Renato de Mello Jorge. *Direito penal econômico como direito penal de perigo*, São Paulo: Editora Revista dos Tribunais, 2006, p. 20-22.

fortunas são construídas, algumas vezes só de papéis. A insolvência surge em outubro de 1929 com o *crack* da Bolsa de Valores de Nova York. (…) A quebra da bolsa de Nova York impossibilita a concessão de novos créditos à Europa. Em toda parte começam a ruir bancos em dificuldade (…)[22]

O estouro da bolha criada trouxe grande retração da demanda, o que abalou a economia mundial durante toda a década de 1930. Na sequência, a humanidade mergulha na triste experiência da Segunda Grande Guerra, período durante o qual houve, novamente, a necessidade de grande intervenção estatal na economia dos países centrais, em razão da extensão das mudanças sociais que o esforço de guerra impôs.

Para o pensamento criminológico, no que se refere à compreensão do fenômeno da criminalidade econômica, o período que entremeia o *crack* da Bolsa de Valores de 1929 e o pós Segunda Grande Guerra

---

22 *Criminologia*, p. 192. Sobre as (des)semelhanças entre crise de 1929 e a que a atividade econômica globalizada atravessa nos dias atuais, em razão do estouro da bolha baseada em hipotecas podres (*subprimes*) e seus derivativos: TAVARES, Maria da Conceição. "Entupiu o sistema circulatório do capitalismo". In: SISTER, Sérgio (org..). *O abc da crise*. São Paulo: Editora Perseu Abramo, 2009, p. 69. "(…) a crise atual não é semelhante à de 1929. Claro, há elementos comuns, como o derretimento das ações e o abandono, pelos investidores, de aplicações em ativos podres. Mas o dramático que a distingue daquele episódio dos anos 1930 é o congelamento do crédito, fruto da desconfiança generalizada sobre o que vale o quê numa economia papeleira. A aversão ao risco gera a fuga dos ativos, todos querem se desfazer deles ao mesmo tempo e os bancos não emprestam a ninguém. Entope o sistema circulatório capitalista. Na crise de 1929 o crédito também refluiu, mas isso se deu na esteira da desaceleração atividade econômica, que foi brutal –caiu mais de 25% nos Estados Unidos. A recessão então é que produziu a demanda por financiamento. Hoje não. A economia não estava em recessão – exceto talvez no Japão e engatinhando na Europa. Mas é justamente esse paradoxo que mata o sistema: não existe crédito para a atividade econômica em curso. Para tudo de repente e, daí, instaura-se o pânico."

mostra-se particularmente muito importante, pois foi exatamente nesta época que Edwin Sutherland lançou e aprimorou as bases teóricas da chamada teoria da associação diferencial, constante de sua obra denominada *White collar crime*. É exatamente neste período histórico que o governo do presidente estadunidense Franklin Delano Roosevelt implanta o chamado *New Deal*, programa de políticas públicas que visava a reanimar a economia daquele país por meio de uma nova perspectiva de grande intervenção governamental na atividade econômica, com vistas a abrandar os focos candentes de tensão social. De acordo com Sérgio Salomão Shecaira, "o projeto do *New Deal* traz em seu bojo o fermento necessário para o crescimento do controle da atividade empresarial, denominada por Sutherland de crime do colarinho-branco, por meio de sua teoria da associação diferencial".[23]

A respeito do desenvolvimento do conceito de criminalidade econômica no Brasil, bem como da evolução de sua implementação na legislação penal brasileira, Celso Eduardo Faria Coracini acentua que, embora não tenha havido guerras em solo pátrio, houve o enfrentamento de muitas crises econômicas, decorrentes de abalos externos e, principalmente, de dificuldades advindas do direcionamento próprio da política econômica interna, de maneira a impulsionar a juridicização e incriminação das questões econômicas. No entanto, continua a não haver, no Brasil, qualquer harmonia ou

---

23 *Criminologia*, p. 195. De acordo, ainda, com referido autor (p. 193-194), faziam parte do *New Deal* as seguintes iniciativas estatais: vultosos investimentos em construções de grande porte, como estradas, usinas, pontes etc., visando a absorver mão-de-obra desempregada; melhorar a distribuição de renda, com a finalidade de aumentar a capacidade de compra do cidadão médio; manter controle sobre os níveis de produção agrícola, evitando os riscos da superprodução; fechamento temporário dos bancos, evitando saques descontrolados da população; utilização dos estoques de ouro para sanar o caos financeiro; desvalorização da moeda para que os gêneros agrícolas sofressem alta de preços e os produtores pudessem pagar seus credores; criação do seguro-desemprego; direito à livre organização sindical.

sistematização no tratamento do tema, nem dentro do Código Penal, nem na legislação extravagante.[24]

Não obstante, Joyce Roysen pontua que, no Brasil, a evolução do direito penal econômico seguiu um cronograma parecido com o dos demais países ocidentais, pois o Código Penal de 1940 traz um novo e muito mais extenso rol de crimes de caráter econômico.[25] A antiga Lei de Falências, que estabelecia diversas modalidades criminosas e que vigeu até o ano de 2005, datava de 1945.

Na segunda metade do século XX, período em que "novos riscos, enfim, vêm alterar o cotidiano, como até então se conhecia, propiciando fraudes, falências e desvios, até então inimagináveis",[26] o crescimento econômico brasileiro foi acompanhado pela intervenção mais amiúde do direito penal sobre a atividade econômica, como exemplificam a Lei de Crimes contra a Economia Popular (Lei nº 1.521/51) e a Lei nº 4.729/65, que tratava dos crimes de sonegação fiscal.[27]

Tudo isso sem falar da explosão legiferante – em regra, de muito má qualidade técnica – em matéria penal econômica ocorrida a partir da segunda metade da década 80 do século XX, inclusive algumas como forma de implementação das exigências sociais e políticas contidas na Constituição de 1988 no que se refere à intervenção na atividade econômica. Podem ser mencionadas, exemplificativamente, a Lei dos Crimes contra o Sistema Financeiro Nacional (nº 7.492/86),

---

24 CORACINI, Celso Eduardo Faria. "Contexto e conceito para o direito penal econômico", *Revista dos Tribunais*, São Paulo: Editora RT, 2004, p. 432-435.

25 Por exemplo, diversas modalidades de estelionato e crimes contra a propriedade imaterial. Cfe.: Histórico da criminalidade econômica. Revista Brasileira de Ciências Criminais, São Paulo: *Revista dos Tribunais*, ano 11, nº 42, jan./mar. 2003, p. 192-213.

26 SILVEIRA, Renato de Mello Jorge. *Direito penal econômico como direito penal de perigo*, p. 21.

27 Antes desse período, é possível mencionar o Decreto-lei 869, de 18 de novembro de 1938, que instituiu crimes contra a economia popular.

o Código de Defesa do Consumidor (Lei nº 8.078/90), a Lei dos Crimes contra a Ordem Tributária, Econômica e contra as Relações de Consumo (nº 8.137/90), a Lei de Licitações (nº 8.666/93), a Lei da Propriedade Imaterial (nº 9.279/96), a Lei dos Crimes Ambientais (nº 9.605/98), a Lei da Propriedade Intelectual em Informática (nº 9.609/98), a Lei de Lavagem de Dinheiro (nº 9.613/98), a Lei das Sociedades Anônimas (nº 10.303/2001) e a nova Lei de Falências (nº 11.101/2005).

Na última década do século XX e na primeira década do século XXI, mais do que nunca, a atividade econômica passou a desenvolver-se em padrões globais, com características muito peculiares, já tratadas no capítulo 2 supra, entre as quais avultaram os imperativos de desregulamentação dos mercados e capitais. Dessa nova fase vivida pela atividade econômica, agora globalizada, resultaram os meios propícios para a existência de fraudes empresariais de proporções ainda mais descomunais e sem precedentes, tais como os casos Enron, WordCom e a atual crise dos *subprimes* ou derivativos.[28]

Dentro da contextualização, na realidade brasileira, da atual fase vivida pela atividade econômica globalizada, cujos riscos sistêmicos envolvidos ameaçam difusamente a consecução de metas sociais que devem ser protegidas e atingidas pelo Estado, guiado que é pelo conteúdo dirigente da Constituição de 1988, desenvolve-se o presente estudo, pelo qual se pretende discutir o papel da política criminal – e, por consequência, do direito penal econômico – como linha auxiliar da política social, mais ampla, na concretização dos fundamentos e objetivos da República brasileira.

---

28 Para os casos *Enron* e *WorldCom*, verificar: ROYSEN, Joyce. Histórico da criminalidade econômica, p. 192-213. Para a crise dos *subprimes* ou derivativos: CONCEIÇÃO, Jefferson José. *O abc da crise*, p. 17-54. SISTER, Sérgio. A crise do dinheiro solto. In: _____ (org.). *O abc da crise*. São Paulo: Editora Perseu Abramo, 2009, p. 55-66.

3.1.2. Conceito criminológico

No âmbito da criminologia, o estudo sobre a criminalidade econômica focaliza as estruturas das ações desviadas dentro de seu conteúdo de realidade, buscando compreender a forma como elas se dão no mundo exterior, diferenciando-se, as conclusões teóricas, principalmente pela perspectiva ideológica a partir da qual é iniciada a observação científica.

Como se verá a seguir, as investigações criminológicas na área da criminalidade econômica põem em evidência, como marcos da sua observação científica e fatores decisivos na definição de critérios de sua conceituação, a figura do autor da ação econômica desviada – enfoque principal de Edwin Sutherland para elaborar sua definição de crime do colarinho branco –, os meios especiais e peculiares pelos quais o autor obtém seu intento desviante, bem como a figura da vítima desses delitos, atingida de forma difusa e quase imperceptível pela sua ocorrência. Tais estruturas, embora ganhem destaque diferenciado no trabalho deste ou daquele autor, necessitam ser vistas de maneira indissociável e concatenada pela criminologia, a fim de que haja maior aproximação e conhecimento possíveis a respeito da realidade da criminalidade econômica.

A preocupação com a observação criminológica a respeito da criminalidade dos indivíduos pertencentes às altas classes socioeconômicas inicia-se com as pesquisas empreendidas por Edwin Sutherland nos Estados Unidos da América do Norte na primeira metade – mais precisamente entre as décadas de 30 e 40 – do século XX.

Uma primeira e muito importante conclusão da pesquisa desenvolvida por Edwin Sutherland é a de que os critérios até então adotados pela criminologia para quantificação do fenômeno criminal econômico criavam insuperáveis distorções em relação à sua realidade, na medida em que a metodologia utilizada privilegiava, como ponto de partida das pesquisas, a pobreza e os problemas sociais e pessoais por ela causados.[29]

Ao mesmo tempo, Edwin Sutherland criticou a técnica de se utilizarem dados empíricos oficialmente tabulados para quantificação da chamada criminalidade de massa,[30] partindo de figuras delituosas tendenciosamente preestabelecidas, o que causava a falsa sensação que a criminalidade concentrava-se apenas nas classes baixas e, consequentemente, nas áreas geográficas por elas ocupadas (ecologia criminal).

As ações desviadas cometidas pelas pessoas oriundas das classes altas não seriam abrangidas pelas estatísticas oficiais por duas razões principais. A primeira é que são essas pessoas mais influentes financeira e politicamente e, assim, conseguem influenciar a justiça penal e escapar das suas malhas com muito mais frequência do que as pessoas sem esse poder. A segunda, e mais importante, é que o tipo de comportamento socialmente lesivo próprio das classes altas

---

29 *White collar crime: the uncut version.* New Haven e Londres: Yale University Press, 1983, p. 3-10. Sobre este corte metodológico utilizado por Edwin Sutherland em suas pesquisas, Carlos Alberto Elbert afirma que referido autor "demonstra indiferença pela via de acesso jurídica ao fenômeno investigado, quase expressando que é supérfluo investigar o crime a partir da pessoa de quem foi definido como criminoso, para saber que o é. O crime, nesse sentido, está em todas as relações da sociedade, e não na letra da lei ou na sua aplicação. Sutherland formula com simplicidade elementar um enfoque da realidade que para os positivistas teria sido repulsivo". In: *Novo manual básico de criminologia*, p. 167.

30 "(…) o ataque ao patrimônio, considerado como bem individualizado, é o ponto focal da ação da 'criminalidade de massa' e dos respectivos estudos sobre sua realidade, seja ela vista do prisma do desajuste dos mais pobres ao consenso social, seja ela considerada como comportamento preestabelecido desviado pelos mais ricos, com vistas à coerção dos conflitos sociais." Verificar: SARCEDO, Leandro. Criminalidade Moderna *versus* Criminalidade de Massa. In: SÁ, Alvino Augusto de; SHECAIRA, Sérgio Salomão (orgs.). *Criminologia e os problemas da atualidade*. São Paulo: Atlas, 2008, p. 164.

permanece à margem da lei penal, sendo objeto da jurisdição administrativa ou civil, escapando das estatísticas criminais.

Com base nessas assertivas, Edwin Sutherland, em sua obra fundamental, denominada *White collar crime*, formula a seguinte tese:

> (...) pessoas de alta classe socioeconômica envolvem-se em diversos comportamentos criminais; tais comportamentos criminais são diferentes daqueles próprios das pessoas de baixa classe socioeconômica, principalmente em relação aos procedimentos administrativos utilizados para tratar as pessoas envolvidas; as variações nos procedimentos, por sua vez, não são significativas do ponto de vista das causas destes comportamentos criminais.[31]

Seguindo em seu raciocínio, Edwin Sutherland chama a criminalidade das pessoas das altas classes socioeconômicas de crimes do colarinho branco, numa referência à vestimenta dos executivos das grandes corporações, no mesmo sentido que já havia sido adotada por ex-presidente da General Motors numa obra denominada "A autobiografia de um trabalhador de colarinho branco".

Essa criminalidade do colarinho branco, para Edwin Sutherland, poderia ser definida como aquela cometida por pessoa respeitável e de alta posição social, no curso de seu exercício profissional (ocupação).[32] Excluem-se dessa definição os comportamentos criminais não ligados

---

31 *Idem, ibidem*, p. 7. Tradução livre do autor.

32 *Op. cit.*, p. 7. Claus Roxin, nesse mesmo sentido, afirma que "os que cometem crimes de trânsito, contra o meio ambiente, econômicos ou tributários não são pessoas menos normais do que a média da população; também os envolvidos na criminalidade organizada são comumente homens de negócios bastante espertos, com enorme competência para viver em sociedade.(...)" In: *Estudos de direito penal*, p. 10-11.

ao exercício profissional, ainda que cometidos por pessoas de *status* social elevado.

As perdas financeiras envolvidas na prática dos crimes do colarinho branco, mesmo que atinjam ampla magnitude, ainda assim não são piores do que os danos que causam às relações sociais e à confiabilidade que deve permeá-las. Por ser primordialmente violador das regras de confiança que devem imperar na vida em sociedade, esse tipo de criminalidade produz desorganização social em larga escala, em razão da sensação de descrença generalizada que se instala no meio social.[33]

Para Edwin Sutherland, não se trata o crime do colarinho branco de mero ataque feito por uma pessoa contra outra pessoa. São ações complexas, muito especializadas, de difícil intelecção pelo homem médio. Têm efeitos difusos, que por vezes afetam milhões de pessoas, mas nenhuma delas em especial. Assim, há violações que se protraem durante anos a fio antes que a sociedade ou as autoridades se deem conta delas. Isso porque, muitas vezes, a ocorrência de uma ação desviante desse tipo somente pode ser detectada por pessoas com grande expertise no assunto.[34]

O homem de negócios envolvido no cometimento de crimes do colarinho branco, ao contrário do criminoso comum, não costuma perder o seu prestígio social perante os seus pares. No especializado mundo dos negócios, há um código de honra próprio, que nem sempre é coincidente com a lei. Só há perda de prestígio para o homem

---

33 Interessante ressaltar a possibilidade de comprovação empírica do apontamento teórico de Edwin Sutherland no sentido de que os crimes do colarinho branco trazem grande desconfiança social, na medida em que a desconfiança generalizada na credibilidade dos mercados, que se estende dos consumidores aos investidores, é exatamente um dos principais componentes da chamada crise dos *subprimes* ou derivativos. A respeito: CONCEIÇÃO, Jefferson José da. *O abc da crise*, p. 35-36.

34 *White collar crime: the uncut version*, p. 59.

de negócios quando ele quebra o código de honra de sua atividade, mas não necessariamente quando ele pratica uma ação antissocial.

A criminalidade do colarinho branco, portanto, não age de maneira casual ou não deliberada. Ao contrário. Age de maneira racional, organizada e deliberada, porquanto há consenso, entre os agentes econômicos que atuam em determinada área específica, de que as normas existem para ser subvertidas e descumpridas, desde que por condutas que almejem a maximização dos lucros e resultados, dentro do código de honra do negócio.[35]

Interessante, também, é a diferença existente entre o conceito que o criminoso do colarinho branco e o criminoso comum têm de si próprios, ou mesmo o conceito que a sociedade tem a respeito deles. Enquanto os últimos carregam todo o estigma que a sociedade reserva para aqueles que se veem envolvidos com a justiça penal, com profundos reflexos em sua própria autoestima, os primeiros veem-se como cidadãos respeitáveis, na mesma medida em que são vistos com admiração pelo público em geral. A pecha máxima que admitem para si é o de violadores da lei, jamais a de criminosos, porquanto, dentro de seu código de honra, a lei é vista como mero empecilho, destituído de qualquer sentido moral, à consecução de mais e maiores lucros,

---

35 Alfonso Serrano Maíllo, ao tratar da criminologia neoclássica, traça interessante paralelo entre o comportamento do delinquente e qualquer outra decisão humana, explicável pela ótica das ciências econômicas. Tratando o delinquente como ser racional, sua "decisão de cometer um fato delitivo depende de que os benefícios que se esperam obter superem os potenciais custos; ou ao menos considera que a decisão se encontra afetada por incentivos. Isto é, que a prática de um delito é, por um lado, uma função da utilidade que se espera obter dele; e, de outro, aspectos tais como a possibilidade de ser condenado, o castigo que possivelmente se sofreria e os benefícios que se obteria se utilizasse esse tempo para outras atividades lícitas ou ilícitas". In: *Introdução à criminologia*. Tradução de Luiz Regis Prado. 1ª ed. São Paulo: Editora Revista dos Tribunais, 2007, p. 185-186.

dentro de um processo de racionalização elaborado para justificar ações antissociais.

Por isso é que as organizações empresariais historicamente trabalham contra o estabelecimento de normas penais de caráter econômico. À proporção em que veem a publicidade da submissão de seus atos ao escrutínio da justiça criminal como uma penalidade em si mesma, preferem discutir suas ações nas instâncias administrativa ou civil, para se livrarem desse estigma. Utilizam-se, também, da estratégia de "consertar" (*"fixing"*) os casos em que se veem envolvidas, por meio de manobras legais que tornam a justiça penal inerte ante a promessa de reparação de danos ou do compromisso de ajustamento ou cessação da conduta lesiva.[36]

Nesse esforço de manterem seu prestígio junto à sociedade ao mesmo tempo em que se mantêm longe das malhas da justiça penal, as organizações empresariais valem-se do trabalho de juristas, relações públicas e marqueteiros, sempre buscando obter um consenso político-ideológico que lhes seja favorável.

Por se tratar de um ente racional, amoral e sem sentimentos, que busca aproximar-se da utópica eficiência tecnológica na busca dos seus interesses, as corporações escolhem quais ações antissociais pretendem praticar, num processo de racionalização no qual são selecionados os crimes que envolvem o menor perigo de serem descobertos e identificados, a respeito dos quais a produção probatória é mais difícil, bem

---

36 Exemplo dessa possibilidade, na atual legislação brasileira, é o chamado acordo de leniência, previsto nos artigos 86 e 87 da Lei 12529, de 30 de novembro de 2011, pelo qual pode haver acordo de colaboração entre as pessoas físicas ou jurídicas que se encontrem acusadas de infração contra a ordem econômica e a União (por meio da Secretaria de Desenvolvimento Econômico-SDE). Referido acordo tem efeitos não só sobre o aspecto administrativo da conduta, mas também penal, já que sua celebração impede o oferecimento de denúncia, bem como seu cumprimento acarreta a extinção da punibilidade do agente. São sinônimos da palavra leniência, de acordo com Aurélio Buarque de Holanda Ferreira, brandura, suavidade, doçura e mansidão.

como geralmente cometidos contra vítimas que, dispersas e desorganizadas, não têm forças para lutar contra sua ocorrência.

Edwin Sutherland arremata sua pesquisa ao concluir que as concepções até então existentes para explicação sobre o fenômeno da criminalidade de massa – focalizadas na pobreza e nas patologias sociais e pessoais – não eram capazes de explanar sobre a etiologia da criminalidade das pessoas advindas dos altos estratos socioeconômicos. Para referido autor, o comportamento criminal do colarinho branco seria mais bem explicado pelo que chamou de teoria da associação diferencial, segundo a qual tal comportamento é aprendido pelo indivíduo na convivência social quando, exposto a influxos favoráveis e contrários em relação ao comportamento desviante, vê o peso das influências tendentes ao delito excederem àquelas que lhe são desfavoráveis. Em outras palavras, aprendem um código de conduta diferido, no qual se valoriza a prática dos comportamentos desviantes e antissociais. Tal hipótese teórica não seria completa e universal para todos os delitos, mas, no entender de referido autor, teria a vantagem de servir para explicar não só a criminalidade das classes altas, mas também a criminalidade de massa.[37]

Em regra, de acordo com Edwin Sutherland, os indivíduos que se engajam com práticas antissociais de cunho econômico são provenientes de bons lares e boas vizinhanças e não possuem antecedentes infracionais durante a juventude. O processo de aprendizagem criminal do colarinho branco geralmente atinge jovens bem formados e idealistas, que são induzidos a praticar ações antiéticas ou ilegais em nome do sucesso profissional. Aprendem, então, as técnicas específicas de violação da lei, bem como as situações em que devem ser empregadas. Há verdadeira racionalização das práticas ilícitas, responsável por introjetar na mente dos neófitos a ideologia do mundo

---

37 SUTHERLAND, Edwin H. *White collar crime: the uncut version*, p. 240-257.

dos negócios, que lhes é apresentada como fruto de bem-sucedidas experiências concretas anteriores.

A associação diferencial propaga-se, também, por meio da chamada difusão de práticas ilegais, isto é, quando uma empresa desenvolve um método ilegal de acréscimo de seus lucros, outras corporações ficam alertas a esse respeito e passam a copiá-la. A velocidade em que se dá esse fenômeno é um pouco maior entre concorrentes que entre não concorrentes, na medida em que a difusão de práticas ilegais e de seus métodos é facilitada pelo controle acionário ou por investidores comuns entre empresas, bem como por meio das conferências realizadas pelas associações empresariais nos quais determinadas soluções e métodos são discutidos.

Assim, afirma Edwin Sutherland, mais do que mera aprendizagem dos influxos favoráveis ao cometimento dos crimes do colarinho branco, há verdadeiro isolamento do indivíduo em relação às influências desfavoráveis à sua prática, favorecendo sua iniciação no código de honra dos negócios.

Do ponto de vista da sociedade, explica-se que esse processo criminógeno não seja perceptível dada a complexidade de tais comportamentos, pois envolvem técnicas e métodos especializados e não são facilmente observados por pessoas sem conhecimentos específicos. Ademais, as mudanças pelas quais passa o mundo dos negócios ocorrem numa velocidade sem precedentes e dificilmente são acompanhadas por pessoas que com ele não estejam envolvidas. Em outras palavras, há verdadeira situação de anomia ou desorganização social, porquanto não só não existem padrões definidos para as condutas empresariais, mas também tais padrões, quando existentes, são conflituosos.

Na construção de sua conceituação, Klaus Tiedemann parte, também, dos paradigmas teóricos propostos por Edwin Sutherland. Entretanto, dá especial relevo à ideia de crime cometido no exercício da profissão do agente (*occupational crime*),[38] porque, a partir dela, pode-se dar enfoque na especial maneira de cometimento (*modus operandi*), bem como no objeto visado pelo comportamento desviante.[39]

Isso porque, de acordo com referido autor, não existe um tipo uniforme de criminoso econômico, porquanto as ações desviadas de cunho econômico ocorrem em oportunidades especiais (*special opportunity crimes*), nas quais qualquer um que participe da vida econômica e social pode transformar-se em autor quando tem uma oportunidade, caso não esteja submetido a um controle social eficaz.[40]

A principal particularidade do meio de comissão do crime econômico é o abuso da confiança socialmente exigível ao exercício da atividade econômica, por meio de seus instrumentos formais e estruturais. Nos dizeres que Klaus Tiedemann, são "aqueles estilos de conduta que contradizem o comportamento de acordo com a imagem de um correto comerciante".[41]

A partir do estudo sobre as peculiaridades no meio de comissão do delito econômico, Klaus Tiedemann afirma, como consequência, que a prova processual sobre ele mostra-se muito difícil, ou quase

---

38 Para referido autor, no entanto, não se pode confundir o crime cometido no exercício da profissão (*occupational crime*) com aquele em que o agente utiliza-se do exercício de determinada atividade econômica apenas para cometer crime, o que sempre foi sua finalidade desde o princípio, ou seja, com a criminalidade profissional instalada na atividade econômica (*crime as business*).

39 El concepto de derecho económico, de derecho penal económico y de delito económico. *Cuadernos de política criminal*, Madri: Edersa, n° 28, 1986, p. 65-74.

40 La criminalidad económica como objeto de investigación. *Cuadernos de política criminal*, Madri: Edersa, n° 19, 1983, p. 171.

41 Tradução livre do autor.

POLÍTICA CRIMINAL E CRIMES ECONÔMICOS 125

impossível, de ser produzida, a não ser que se superem imensas dificuldades temporais e financeiras para sua obtenção.[42]

Por sua vez, as investigações criminológicas nesse campo também se mostram particularmente difíceis. Há grande cifra negra nas estatísticas criminológicas a respeito da criminalidade econômica, isto é, grande parte de sua ocorrência permanece alheia ao conhecimento não só das autoridades, mas também do investigador criminológico. Tal característica ganha ainda mais notoriedade quando se tem em conta que essas condutas desviantes, embora conhecidas, atingem as pessoas em sua coletividade, de maneira difusa, não havendo a clara percepção de quem são as suas reais vítimas, dificultando a notificação de sua ocorrência.

Sobre cifra negra e criminalidade econômica, é bastante interessante a remissão aos ensinamentos da chamada criminologia radial, que teve seu apogeu histórico entre as décadas de 60 e 80 do século XX. Para essa escola criminológica, as estatísticas criminais eram mero produto da luta de classes, que têm por finalidade pôr em evidência a criminalidade típica das classes sociais mais subalternas e desorganizadas. *Cifra negra* da criminalidade, sob esse ponto de vista, é a diferença entre a *aparência* (conhecimento oficial) e a *realidade* (volume total) da criminalidade convencional (ou de massa). Constitui-se a cifra negra de fatos criminosos não identificados, não denunciados ou não investigados, seja por desinteresse da polícia, nos crimes sem vítimas; seja por interesse da polícia, quando submetida à pressão do poder econômico ou político; seja em razão das limitações técnicas e materiais dos órgãos de controle social.[43]

---

42 El concepto de derecho económico, de derecho penal económico y de delito económico, p. 68.

43 SANTOS, Juarez Cirino dos. *A criminologia radical.* Curitiba: ICPC: Lumem Juris, 2006, p. 10-17, mais especificamente página 13. Ver também: CABETTE, Eduardo Luiz Santos. As estatísticas criminais sob um enfoque criminológico

126 LEANDRO SARCEDO

Outro importante aporte ao tema é trazido pela criminologia radical quando elabora o conceito de *cifra dourada*, espécie de cifra negra referente exclusivamente à criminalidade dos poderosos (econômica, inclusive), definida por Juarez Cirino dos Santos como:

> (...) práticas antissociais impunes do poder político e econômico (a nível nacional e internacional), em prejuízo da coletividade e dos cidadãos e em proveito das oligarquias econômico-financeiras (Versele, 1980, p. 10 e ss.): os caracteres sociais do sujeito ativo (portador de alto status socioeconômico) e a modalidade de execução do crime (no exercício de atividades econômico-empresariais ou político-administrativas), conjugadas às complexidades legais, às cumplicidades oficiais e à atuação de tribunais especiais, explicam a imunidade processual e a inexistência de estigmatização dos autores (Aniyar, 1977, p. 92-93).[44]

Para superar essas dificuldades, o investigador criminológico tem de transformar-se num *insider*, isto é, numa espécie de agente infiltrado na estrutura econômica que pretende investigar, para que possa obter a necessária aproximação da realidade sobre a ocorrência do fato sob investigação. Outra possibilidade é a de recorrer a dados tabulados sob o ponto de vista do direito penal econômico, o que se mostra bastante débil para embasar o conhecimento criminológico, em razão da enorme cifra negra (dourada) existente.[45]

---

crítico. *Boletim do Instituto Brasileira de Ciências Criminais*, a11, n° 124, dezembro 2003, p. 6-7.

44 SANTOS, Juarez Cirino dos. A *criminologia radical*, p. 13.

45 TIEDEMANN, Klaus. La criminalidad económica como objeto de investigación, p. 177-181.

Ademais, Klaus Tiedemann assinala que os efeitos do delito econômico turbam ou põem em perigo mais do que interesses individuais, mas a vida econômica organizada e a sua ordem correspondente. Em outras palavras, a criminalidade econômica afeta interesses econômicos supraindividuais, que se mostram particularmente vulneráveis.[46]

Não obstante, referido autor entende que há alguma tolerância com esse tipo de criminalidade porque, dentro do cálculo político--econômico, aceita-se uma determinada parcela de manipulações de delinquência enquanto não coloque em perigo o resultado econômico geral almejado.[47]

Gérson Pereira dos Santos destaca interessante característica da criminalidade econômica quando afirma que, na medida em que toda a coletividade é vitimizada por crimes supraindividuais, o próprio autor da ação desviada pode sentir-se vitimizado, o que minimiza a significação antiética do seu ato.[48]

Interessante, também, é a posição sustentada por Winfried Hassemer e Francisco Muñoz Conde, no sentido de que há, na atualidade, grandes mudanças no papel da vítima nos estudos criminológicos e dogmáticos, o que deve necessariamente levar em consideração a existência de uma política de criminalização das condutas danosas sem vítima ou, melhor dizendo, com vítima diluída ou difusa, com interesse generalizado.[49] De qualquer maneira, verifica-se que essa imagem de vítima é diferente da ideia tradicional da pessoa que suportava a dor infligida pelo crime. Para os mencionados autores, "o delito fiscal, os delitos econômicos, contra o meio ambiente e

---

46 El concepto de derecho económico, de derecho penal económico y de delito económico, p. 65-74.

47 La criminalidad económica como objeto de investigación, p. 176.

48 *Direito penal econômico*. São Paulo: Saraiva, 1981, p. 35.

49 *Introducción a la criminologia*. Valencia: Tirant Lo Blanch, 2001, p. 214.

todo o âmbito da delinquência de colarinho branco são infrações nas quais a vítima não resulta visível".[50]

Apontam, ainda, Winfried Hassemer e Francisco Muñoz Conde que a incriminação de condutas com vítima difusa exige da criminologia um giro metodológico que passe a focalizar com maior preponderância os criminosos pertencentes às classes sociais privilegiadas e poderosas, permitindo o aparecimento de uma política criminal em que predomine o interesse de dar proteção abstrata aos interesses da vítima difusamente considerada.

Importante, ainda, trazer os aportes de Giorgio Marinucci e Emilio Dolcini, para quem os delitos econômicos e contra o meio ambiente caracterizam-se por sua vitimização de massa,[51] os quais, direta ou indiretamente, ofendem número vastíssimo de pessoas. Afirmam que, até recentemente, as vítimas deste tipo de criminalidade não se apercebiam de sua própria vitimização, ou tardavam em fazê-lo. Entretanto, a situação é diferente nos dias atuais, pois as mazelas ambientais e os escândalos políticos, com seus efeitos desastrosos, além de preencherem pautas de todos os movimentos políticos, ainda frequentam as primeiras páginas dos jornais. Em vista disso, os pedidos de "menos intervenção estatal" nesses assuntos parecem dirigidos a garantir a impunidade das "pessoas honoráveis", que trajam "colarinho branco".[52]

---

50 Tradução livre do autor.

51 Em sentido coincidente, Antonio García-Pablos de Molina diz tratar-se os crimes contra a economia e o meio ambiente de delitos com "vítima massiva". Verificar: *Derecho penal parte general – fundamentos*. Lima: Juristas editores, 2009, p. 164-165. Tradução livre do autor.

52 Derecho penal 'mínimo' y nuevas formas de criminalidad. Tradução de Raúl Carnevali Rodriguez. *Revista de derecho penal y criminología*, Madri: UNED, 2ª época, nº 9, janeiro de 2002, p. 161.

3.1.3. Conceito jurídico

Não obstante o evolver histórico da criação de crimes econômicos no Brasil tenha seu marco inicial no ano de 1940, conforme descrito acima, é certo que a primeira obra teórica nacional a tratar do tema de forma abrangente data de 1973, escrita por Manoel Pedro Pimentel e denominada Direito penal econômico.

Na referida obra, Manoel Pedro Pimentel conceitua o direito penal econômico como sendo "o conjunto de normas que tem por objeto sancionar, com as penas que lhe são próprias, as condutas que, no âmbito das relações econômicas, ofendam ou ponham em perigo bens ou interesses juridicamente relevantes", acrescentando, mais à frente, tratar-se de "um sistema de normas que defende a política econômica do Estado, permitindo que esta encontre os meios para sua realização".[53]

Em vista disso, referido autor define os delitos econômicos como sendo "condutas típicas sancionadas penalmente pelas leis editadas com o fim de prover a segurança e a regularidade da política econômica do Estado".[54]

Outro marco histórico de indiscutível importância na teoria nacional sobre o tema é a obra de Gérson Pereira dos Santos, também denominada de Direito penal econômico, datada de 1981. Para esse autor, o direito penal econômico busca proteger a ordem econômica, mas não de forma a somente tutelar a realização do fenômeno econômico como um fato em si, natural, mas sim a ordenação, a regulação e a intervenção do Estado neste fenômeno, para que possa produzir os fins propostos. Unindo, em sua conceituação, dogmática e criminologia num todo unitário, inclui, na sua conceituação de direito

---

53 *Direito penal econômico.* São Paulo: Editora Revista dos Tribunais, 1973, p. 10 e 21.

54 *Idem, ibidem,* p. 25.

penal econômico, os delitos perpetrados no exercício da gestão dos meios de produção, com resultados habitualmente indefinidos e que ofendem pessoas ou coletividades anônimas ou indeterminadas, sendo que tais transgressões atingem o campo dos bens jurídicos supraindividuais ou sociais da vida econômica, entendidos como aqueles que transcendem os interesses jurídicos individuais e protegem interesses vinculados ao bem comum.[55]

Como se vê, a compreensão dos crimes econômicos vigentes numa sociedade, numa determinada época histórica, está indissoluvelmente ligada à compreensão das peculiaridades do sistema econômico em que se encontra inserida tal criminalidade.

O direito penal econômico é, portanto, um direito de superposição, ou seja, para sua compreensão dos limites do punível nessa matéria "é necessário o conhecimento prévio da disciplina jurídico-econômica das condutas que se quer punir".[56]

Em vista de uma perspectiva histórica, Renato de Mello Jorge Silveira – por entender que os riscos envolvidos na atividade econômica globalizada, desenvolvida no seio da sociedade contemporânea, são gigantescos e não encontram paralelo em outros momentos históricos – afirma que o atual direito penal econômico intervém num campo de interesses supraindividuais, ou seja, difusos, em defesa da política econômica do Estado, em que não são reconhecíveis vítimas definidas. Nem por isso é tolerável a ocorrência de dano ao bem jurídico protegido, justificando as incriminações de caráter antecipado, de mero perigo de dano a este valor tutelado juridicamente.[57] Conclui o referido autor: "Não obstante, existe uma ponderação

---

55 *Op. cit.*, p. 91-99.

56 ESTELLITA, Heloísa. "Tipicidade no direito penal econômico". *Revista dos Tribunais*, São Paulo: Editora Revista dos Tribunais, vol. 725, ano 85, mar./2006, p. 407-423 (especificamente, página 419).

57 *Direito penal econômico como direito penal de perigo*, p. 19-63.

POLÍTICA CRIMINAL E CRIMES ECONÔMICOS   131

irrefutável: a construção do Direito Penal Econômico acaba por se mostrar em tutela de um Direito Penal dos poderosos. (...) se tem, agora, um Direito das classes média, média-alta e alta".[58]

Bernardo Feijoo Sánchez pontua que a sociedade em que vivemos é muito complexa, de maneira que já não mais se contenta em garantir apenas o núcleo mínino de direitos necessário à convivência entre os indivíduos, havendo necessidade de alto grau de juridicidade dos problemas sociais. Assim, vão se transformando as estratégias de proteção jurídico-penal, por meio da criação, pelo próprio sistema jurídico, de novos bens jurídicos, que não correspondem somente aos interesses básicos do indivíduo. O direito penal econômico é exemplo claro da evolução do sistema jurídico para o âmbito de normas penais que reconhecem previamente os novos interesses sociais acima referidos.[59]

Aludido autor define que os delitos *socioeconômicos* consistem em infração aos deveres básicos dos cidadãos quando atuam ou exercem função em algum dos ramos da economia (devedor, gestor de empresa etc.). Em algumas ocasiões, este tipo de infração pode afetar bens jurídicos coletivos, o que se denomina direito penal econômico em sentido estrito; mas, em outras, podem representar agressões contra bens jurídicos individuais, especialmente de tipo patrimonial, o que se denomina direito penal econômico em sentido amplo.

Não obstante, o tema de central interesse na atualidade, de acordo com Bernardo Feijoo Sánchez, é o desenvolvimento dos critérios para desvendar os pressupostos que tornam legítima ou ilegítima a proteção de bens jurídicos relativos ao sistema socioeconômico, discutindo em que medida se justifica a intervenção, mediante a cominação de penas, neste âmbito da atividade humana.

---

58 *Idem, ibidem*, p. 23.

59 *Cuestiones actuales de derecho penal económico*. Montevideo, Buenos Aires: Editorial B de F, 2009, p. 206-209.

Como se depreende da leitura dos autores acima estudados, a concepção que se tem a respeito da natureza e da relevância do conjunto de interesses sociais que visa a proteger o direito penal econômico é fundamental para a compreensão de seus limites e para a delimitação de seu conceito.

No atual estágio de desenvolvimento em que se encontra a sociedade contemporânea, na qual os interesses sociais encontram-se em constante risco em virtude da extensa magnitude assumida pela atividade econômica globalizada, é inafastável a preocupação do jurista com a tutela dos bens supraindividuais, que devem ser tratados sob a ótica jurídico-penal. Dessa forma, sem que haja a exata compreensão da extensão do bem jurídico atingido pela criminalidade econômica, torna-se impossível delimitar qual o âmbito de abrangência do direito penal econômico.

3.2. Bem jurídico atingido pela criminalidade econômica

O bem jurídico, dentro da estrutura do Estado Democrático de Direito brasileiro, deve ser visto não só como marco da limitação e da legitimação da intervenção do poder punitivo estatal na esfera de liberdade do indivíduo, mas também, e principalmente, como evidência da decisão política no sentido de criminalizar, ou não, a prática de determinadas condutas, observando sempre as balizas impostas pela garantias e as finalidades estabelecidas pelo caráter dirigente da Constituição.[60]

---

60 A respeito, verificar: SCHUNEMANN, Bernd. O direito penal é a *ultima ratio* da proteção de bens jurídicos – Sobre os limites invioláveis do direito penal em um Estado de Direito liberal. Tradução de Luís Greco. Revista Brasileira de Ciências Criminais, São Paulo: Revista dos Tribunais, nº 53, mar./abr. 2005, p. 23.

Para que essa missão constitucional seja alcançada, é preciso que as estratégias de política criminal incidentes sobre o direito penal sirvam-se dos conhecimentos colhidos pela criminologia para determinar quais são os novos riscos e valores, próprios da sociedade contemporânea, principalmente os de interesse supraindividual, que merecem ser protegidos por meio da criminalização de condutas. Nesse aspecto, não se pode perder de vista que a estrutura do direito penal econômico em determinada sociedade liga-se indissociavelmente ao matiz do sistema econômico nela adotado no determinado momento histórico sob observação.

Já em sua obra fundamental, Edwin Sutherland, embora sem se preocupar com o conceito de bem jurídico, mas tão-somente com formulações de cunho criminológico, apontava que "o custo financeiro do crime do colarinho branco é provavelmente muitas vezes maior do que o custo financeiro daqueles crimes costumeiramente identificados com o 'problema criminal'".[61] Para o mencionado autor, a criminalidade econômica causa, também, danos às relações sociais, em razão das enormes dimensões que pode atingir. Sua prática é violadora da confiança depositada nas relações empresariais e comerciais, causando desorganização social em larga escala, ao passo que os crimes comuns produzem efeitos sociais ou institucionais muito mais localizados. É possível, assim, afirmar que há, sem dúvida, diferenças nas ordens de grandeza das realidades da criminalidade econômica e da criminalidade de massa.

Como aponta Carlos Alberto Elbert, pode-se vislumbrar, no trabalho de Edwin Sutherland, o esboço da ideia do que é hoje chamado de interesses difusos, isto é, "interesses legítimos afetados por feitos que prejudicam a humanidade ou a comunidade indiscriminadamente pela importância dos bens em jogo, a quantidade de

---

61 *White collar crime: the uncut version*, p. 9. Tradução livre do autor.

prejudicados, seu anonimato, a magnitude econômica e, muitas ve-zes, a irreparabilidade do mal".[62] Tal compreensão ganha especial re-levância quando se adentra no estudo do bem jurídico imanente aos crimes econômicos.

De acordo com Klaus Tiedemann, o conceito do bem jurídi-co da criminalidade econômica pode ser obtido por meio de uma aproximação da dogmática jurídico-penal e da criminologia. Há de se ter em conta que esta última vê, nos efeitos da criminalidade eco-nômica, a turbação ou a colocação em perigo da vida econômica e da ordem a ela correspondente, o que excede o mero prejuízo a interesses individuais.[63]

Em vista do resultado da ação desviante econômica no mundo real, é possível chegar ao interesse social que deve ser protegido pelo direito penal, isto é, ao bem jurídico tutelado pela dogmática jurídi-co-penal, o qual se apoia primacialmente não nas características do autor, mas sim da vítima. Como os interesses econômicos suprain-dividuais mostram-se particularmente vulneráveis à criminalidade econômica, merecem uma ativa proteção do direito penal, de manei-ra que o bem jurídico protegido, por consequência, deve ter caráter supraindividual, coletivo ou social, transcendendo os interesses jurí-dicos pessoais ou individuais. Em outras palavras, e de uma maneira mais ampla, protege-se o bem comum das pessoas e da sociedade.

Nos termos dessa conceituação, para Klaus Tiedemann, são eco-nômicas: as transgressões contra a atividade interventora e reguladora do Estado, a economia nacional em sua totalidade ou em seus setores parciais; os tipos penais clássicos quando se dirigem a patrimônios ou interesses supraindividuais (cujo maior exemplo, é o desvio de

---

62 *Novo manual básico de criminologia*, p. 166.
63 El concepto de derecho económico, de derecho penal económico y de delito económico, p. 65-74.

subvenções); as condutas consistentes em abuso contra os instrumentos da vida econômica (inclusive, as relações de empresas entre si).

Jorge de Figueiredo Dias e Manuel da Costa Andrade posicionam-se no mesmo sentido:

> No plano económico-social, por outra parte, verificou-se a progressiva ressonância política e jurídica dos imperativos éticos de solidariedade, sob a mediação do Estado social. Assumindo-se como garantia das prestações públicas necessárias a uma existência em condições de dignidade, o Estado social moderno eleva muitos dos interesses relacionados com o intervencionismo dirigista ou salutista à categoria de bens jurídicos fundamentais.[64]

Claus Roxin, para desenvolver sua conceituação sobre o tema, parte da ideia de que os bens jurídicos não têm validade natural infinita, mas, ao contrário, sofrem os influxos das alterações nas relações e nos fundamentos jurídico-constitucionais de uma sociedade, ou seja, encontram-se vinculados ao evolver histórico. Assim, na sociedade atual, não seria possível manter o conceito de bem jurídico limitado a um caráter individual, porquanto se faz necessário abranger, também, os "bens jurídicos de generalidade", que somente são legítimos quando servem ao cidadão e à sociedade na sua relação com o Estado. Não obstante tal concepção afaste, como objeto de proteção,

---

64 *Criminologia: o homem delinquente e a sociedade criminógena*, p. 436. Numa feliz síntese, extraída de outro texto seu, Jorge de Figueiredo Dias afirma que "a verdadeira característica do bem jurídico colectivo ou universal reside pois em que ele deve poder ser gozado por todos e por cada um, sem que ninguém deva ficar excluído desse gozo: nesta possibilidade de gozo reside o legítimo interesse individual na integridade do bem jurídico colectivo". Verificar: *O papel do direito penal na protecção das gerações futuras*, p. 28.

os bens de incompreensível abstração, abrange, necessariamente, a preocupação com a garantia da existência das gerações futuras.[65]

Diferencia, referido autor, os bens jurídicos relacionados a circunstâncias e valores preexistentes à edição da norma daqueles que são criados pelo próprio legislador ao exercer a atividade legislativa, dando como exemplo dessa última possibilidade as incriminações no âmbito do direito tributário. Alerta, porém, que isso não significa dizer que o legislador não precise manter-se vigilante às fronteiras da legitimidade da punição. Não se admitem, portanto, as leis penais meramente simbólicas, que não protegem bem jurídico algum e que não são necessárias para assegurar a vida em sociedade, servindo tão-somente a interesses estranhos às finalidades do direito penal.

Em sua obra pioneira na literatura brasileira, publicada nos idos do ano de 1973, Manoel Pedro Pimentel já alertava para o caráter abrangente da lesividade social causada pela criminalidade econômica:

> (...) É que os danos causados por esses delitos transcendem dos prejuízos impostos às vítimas dos casos concretos, pois denunciam a presença de um perigo social e moral capaz de atingir a todos, quer na economia popular, quer na pública, trazendo o descrédito e a desconfiança às instituições financeiras, às organizações que lidam com o crédito e com a poupança, sejam elas particulares ou oficiais.[66]

De acordo com Manoel Pedro Pimentel, preocupando-se o direito penal econômico com a segurança e a regularidade dos meios de realização da política econômica estatal, esse ramo do direito protege,

---

65 ROXIN, Claus. *A proteção de bens jurídicos como função do direito penal*. Organização e tradução de André Luís Callegari e Nereu José Giacomolli. 2ª. edição. Porto Alegre: Livraria do Advogado Editora, 2009, p. 16-36.

66 *Direito penal econômico*. São Paulo: Editora Revista dos Tribunais, 1973, p. 5-6.

também, o patrimônio público, o comércio em geral, a troca de moedas, a fé pública e a administração pública. Assim, pode-se afirmar que proteger a realização da política econômica do Estado – em benefício de toda a coletividade, auxiliando o Estado na consecução de uma de suas finalidades – é o objeto jurídico dos crimes contra a ordem econômica.[67]

Para Luiz Regis Prado, a proteção do direito penal deve recair sobre um sentido amplo da chamada ordem econômica, conceito que deve compreender "(…) a intervenção estatal na economia, a organização, o desenvolvimento e a conservação dos bens econômicos (inclusive serviços), bem como sua produção, circulação, distribuição e consumo".[68] Tal conceito abarca as ordens tributária, financeira, monetária, as relações de consumo, a livre concorrência e o meio ambiente. Trata-se, portanto, de bem jurídico supraindividual, genericamente considerado. Não obstante, cada delito, por si só, protege diretamente um bem jurídico específico ou em sentido estrito (mas sempre com sentido supraindividual).

Renato de Mello Jorge Silveira pondera que os bens supraindividuais (ou difusos ou de terceira geração), próprios dos crimes econômicos, são substancialmente diferenciados dos chamados bens individuais, funcionando como uma espécie de intermediador entre os interesses do Estado e do indivíduo ou grupos de indivíduos, motivo pelo qual assumem diferentes formatos. Assim, os delitos tributários incluem-se entre os crimes econômicos, porque atacam a boa marcha da economia e influenciam numerosas questões de ordem social. Da mesma forma, os delitos societários ou relativos ao mercado de um modo geral, pelos quais se busca proteger o correto funcionamento das próprias empresas, do mercado e da economia como um todo.

---

67 *Idem, ibidem*, p. 21-22.

68 *Direito penal econômico*, p. 37 e segs.

No mesmo passo estaria o chamado direito penal bancário, o qual busca dar contornos às práticas negociais das instituições financeiras. Essa definição pode englobar, também, os crimes contra as relações de consumo e contra o meio ambiente, o que, aliás, tem respaldo no artigo 170, incisos V e VI, da Constituição da República, ou seja, exatamente no artigo que trata da ordem econômica.[69]

É certo que há, na doutrina nacional e internacional, oposições à compreensão do bem jurídico aqui exposta, entre as quais pode ser destacada a de Sergio Moccia, a quem não parece conveniente a construção de um sistema jurídico-penal que tenha como referência aquilo que chama de "bens-prestação", referindo-se à ligação entre o bem jurídico penal, as finalidades do Estado e a proteção de interesses supraindividuais. Entende que tais interesses podem ser protegidos apenas e tão-somente quando houver subjacentes interesses individuais e palpáveis que possam ser identificados.[70]

No outro extremo, há autores que – com o propósito de dar melhores subsídios à estruturação de um novo direito penal, mais atento à criminalidade supraindividual – defendem a construção da noção de bem jurídico com base num valor ideal, de maneira que sua lesividade dar-se-ia não por meio de uma realidade fática, mas como um valor abstrato, espiritualizado. Trata-se da ideia do bem jurídico espiritualizado.[71] ·

---

69 *Op. cit.*, p. 26-27.

70 De la tutela de bienes a la tutela de funciones: entre ilusiones postmodernas y reflujos iliberales. Tradução de Ramon Ragués Vallès. In: SILVA SÁNCHEZ, Jesús-María (org.). *Política criminal y nuevo derecho penal (Libro homenaje a Claus Roxin)*. Barcelona: José María Bosch Editor, 1997, p. 113-142. Também contrariamente à visão ampliada de bem jurídico em relação aos crimes econômicos: ESTELLITA, Heloísa. Tipicidade no direito penal econômico, p. 407-423.

71 A respeito, verificar: SILVEIRA, Renato de Mello Jorge. *Direito penal econômico como direito penal de perigo*, p. 150-154. Do mesmo autor: A construção do

POLÍTICA CRIMINAL E CRIMES ECONÔMICOS   139

Considerando essas diversas conceituações a respeito do bem jurídico imanente ao direito penal econômico, cuja compreensão mostra-se imprescindível à delimitação do âmbito de abrangência desse
ramo de intervenção jurídica, tem-se que a opção por uma ou outra
corrente de pensamento depende, e muito, da concepção que se tem
sobre o papel exercido pela política e pela ideologia no atual cenário
em que se encontra imersa a sociedade contemporânea.

Para ilustrar a reflexão sobre o tema, convém trazer a preocupação
de Giorgio Marinucci e Emilio Dolcini, para quem a renúncia à proteção penal dos bens jurídicos coletivos (supraindividuais ou sociais),
afetados pela criminalidade econômica, seria certamente aplaudida
por parte daqueles que agitam a bandeira da livre iniciativa para plei-
tear o fim dos processos penais em que são imputados dirigentes de
corporações, acusados de balanços falsos, corrupção, lavagem de dinheiro, evasão fiscal etc.[72]

No Brasil, sob a vigência da Constituição de 1988, de conteúdo dirigente, parece inevitável que o operador das ciências criminais
paute sua compreensão a respeito dos valores que devem ser protegidos pelo direito penal econômico pelo conjunto valorativo e ideológico contido no texto constitucional, no qual o respeito a objetivos
fundamentais como desenvolvimento nacional, construção de uma
sociedade livre, justa e solidária, erradicação da pobreza e da marginalização, e redução das desigualdades sociais, é fundamental e
necessário a qualquer atividade de intervenção pública que se queira
desenvolver no País.

Bem jurídico espiritualizado e suas críticas fundamentais. Boletim IBCCRIM.
São Paulo, vol. 10, nº 122, p. 14-15, jan. 2003.

72 MARINUCCI, Giorgio; DOLCINI, Emílio. "Derecho penal 'mínimo' y nuevas
formas de criminalidad", Revista de derecho penal y criminología, Madri:
UNED, 2002, p. 163.

3.2.1. Leitura constitucional do bem jurídico supraindividual e do direito penal econômico

Para iniciar o desenvolvimento do fundamental tema objeto do presente item, é preciso que se retome, ainda que sinteticamente, a ideia central do que vem a ser direito penal econômico, bem como a qualificação do bem jurídico por ele tutelado.

Para tanto, retoma-se o pensamento de Klaus Tiedemann, para quem o direito penal econômico tutela primordialmente a economia nacional, isto é, o bem constituído pela ordem econômica estatal em seu conjunto e, consequentemente, o regular fluxo da economia em sua organicidade. "Ao Direito penal econômico, neste sentido restritivo, corresponde uma concepção do Direito econômico como Direito do direcionamento da economia pelo Estado".[73] Trata, num plano primário, da proteção das metas traçadas pelo planejamento do Estado e, somente num plano secundário, deve ser entendido como conjunto de norma jurídicas estatuídas para regular a produção, a fabricação e a repartição de bens econômicos.

Como afirma o mesmo autor em outro texto, o objeto tutelado pelo direito penal econômico "passa ao primeiro plano o interesse supraindividual (social)".[74]

Utilizando-se dessas precisas conceituações de Klaus Tiedemann, a missão que se propõe cumprir doravante é dar a elas o conteúdo

---

73 TIEDEMANN, Klaus. El concepto de derecho económico, de derecho penal económico y de delito económico, p. 73-74. Tradução livre do autor.

74 *Ibidem*, p. 70. Tradução livre do autor. Examente no mesmo sentido: DIAS, Jorge de Figueiredo. Para uma dogmática do direito penal secundário. Um contributo para a reforma do direito penal econômico e social português. In: D'AVILA, Fabio Roberto; SOUZA, Paulo Vinicius Sporleder de (orgs.). *Direito penal secundário: estudos sobre crimes econômicos, ambientais, informáticos e outras questões*. São Paulo: Editora Revista dos Tribunais; Coimbra: Coimbra Editora, 2006, p. 43-44.

axiológico emanado do texto constitucional de 1988, de forma que os conceitos de direito penal econômico e do seu bem jurídico tutelado tragam integrada a necessária carga ideológica constitucional, somente a partir da qual é possível compreender quais os aspectos da economia e da sociedade sofrerão a intervenção deste ramo extremo da ordem jurídica.

Jorge de Figueiredo Dias preleciona que o coroamento jurídico-penal de bens criados pelas necessidades do funcionamento do sistema social deve necessariamente obedecer a uma "ordenação axiológica jurídico-constitucional", pois somente assim poderão ser considerados como preexistentes ao ordenamento que os erige como juridicamente tuteláveis. Isso porque se constitui a ordem jurídico-constitucional num quadro obrigatório de referências valorativas e de finalidades que deve pautar a atividade punitiva estatal. Nessa ótica, os bens jurídicos tutelados pelo direito penal devem ser considerados como efetiva concretização dos valores constitucionais e democráticos.[75]

Prossegue o mencionado autor afirmando que a relação existente entre a ordem axiológica constitucional e a ordem dos bens jurídicos dignos de tutela penal dá ensejo a uma classificação bastante importante para as tarefas da política criminal e também da própria dogmática jurídico-penal, que é a distinção existente entre o que denominam direito penal primário (de justiça ou clássico) e direito penal secundário (administrativo ou extravagante). Enquanto os crimes do chamado direito penal primário relacionam-se com a ordem

---

75 *Temas básicos da doutrina penal.* Coimbra: Coimbra Editora, 2001, p. 46-50. Do mesmo autor, verificar também: Para uma dogmática do direito penal secundário. Um contributo para a reforma do direito penal econômico e social português. In: D'AVILA, Fabio Roberto; SOUZA, Paulo Vinicius Sporleder de (orgs). *Direito penal secundário: estudos sobre crimes econômicos, ambientais, informáticos e outras questões,* p. 13-69.

jurídico-constitucional sob o prisma dos direitos, liberdades e garantias das pessoas, aqueles que compõem o denominado direito penal secundário – cujo exemplo, por excelência, é o direito penal econômico (da empresa, do mercado de trabalho, da segurança social, entre outros) – têm correspondência com a ordem jurídico-constitucional no que se refere aos direitos sociais e da organização econômica.[76] Há, como se vê, duas zonas constitucionais relativamente autônomas – embora necessitem ser vistas e compreendidas de forma unitária e global dentro do sentido constitucional –, cujos valores protegidos são merecedores também de tutela penal do Estado.

Num outro texto de sua autoria, já referido anteriormente, Jorge de Figueiredo Dias afirma que, sendo o direito penal secundário fruto da necessidade de tutela imposta pela própria ordem jurídico-constitucional, erigem-se valores imateriais e não individualizáveis à categoria de bens jurídicos, também chamados de secundários, que se destinam a dar proteção antecipada aos bens jurídicos primários, voltados à proteção de interesses individuais. São duas esferas de proteção que o Estado precisa levar a efeito: uma voltada para a atuação pessoal do homem (não necessariamente individual), que se revela por meio de seus direitos fundamentais, e outra que protege sua esfera de ação social (ou seus direitos sociais), sempre tendo em vista que a personalidade humana só se realiza em sua plenitude nessa dupla esfera de atuação.[77]

---

76 Como afirma Jorge de Figueiredo DIAS: "no direito penal secundário o bem jurídico é um *posterius* e não um *prius*, um *constituto* e não um *constituens* relativamente à estrutura do ilícito e à matéria proibida." Verificar: *Temas básicos da doutrina penal*, p. 50.

77 Para uma dogmática do direito penal secundário. Um contributo para a reforma do direito penal econômico e social português. In: D'AVILA, Fabio Roberto; SOUZA, Paulo Vinicius Sporleder de (orgs). *Direito penal secundário: estudos sobre crimes econômicos, ambientais, informáticos e outras questões*, p. 13-69.

Para que se interrelacionem os ensinamentos de Jorge de Figueiredo Dias e a realidade constitucional brasileira, à qual são plenamente aplicáveis, deve-se estar atento ao contexto valorativo e dirigente imposto pelo legislador constitucional de 1988, o qual estava historicamente premido pela necessidade de dar ao cidadão brasileiro direitos e garantias contras os abusos perpetrados pelos órgãos persecutórios estatais, bem como pela ânsia de dar à atividade econômica objetivos sociais, tudo em contraposição à realidade enfrentada pelo país durante o Regime Militar, conforme já exposto no capítulo 1 deste livro.

Como parte integrante das chamadas ciências humanas, o direito penal vigente num país é sempre correspondente à época em que vige, não sendo jamais neutro, mas, ao contrário, constitui-se no elemento ideológico mais agudo existente no ordenamento jurídico.

Assim, imersos no atual quadro valorativo-constitucional brasileiro, o direito penal econômico e seu respectivo conceito de bem jurídico – ambos secundários por natureza –, embora tenham sempre de obedecer às molduras e aos limites estabelecidos pela estrutura do Estado Democrático de direito e por suas garantias, têm de atender, por outro lado, aos objetivos fundamentais da República, previstos na cláusula transformadora inserida no artigo 3º da Constituição,[78] assim como precisam respeitar o coroamento da justiça social como valor supremo da ordem econômica que visam a tutelar, nos termos do artigo 170 do texto constitucional.[79]

---

78 Desenvolvimento nacional; construção de uma sociedade livre, justa e solidária; erradicação da pobreza e da marginalização; redução das desigualdades sociais.

79 Luiz Carlos dos Santos Gonçalves afirma que é necessário balancear as duas vertentes de valores protegidos pela ordem constitucional de 1988, quais sejam: os direitos e garantias individuais em face do *jus puniendi* estatal, de um lado; o reforço deste mesmo *jus puniendi* estatal diante de alguns valores especialmente protegidos, de outro. Verificar: *Mandados expressos de criminalização e a proteção de direitos fundamentais na Constituição brasileira de*

Assim, a submissão da ordem econômica aos ditames da justiça social, conforme dispõe o artigo 170 da Constituição de 1988 – o que implica, necessariamente, a busca dos objetivos fundamentais da República estabelecidos no artigo 3º do texto constitucional –, é, sem dúvida, o principal critério valorativo a ser observado na seleção dos bens jurídicos tuteláveis pelo direito penal econômico (secundários), diferenciando-os dos assim chamados bens jurídicos primários ou clássicos.[80]

Nesse cenário, somente a atividade política desenvolvida no seio do Estado é capaz de impor à riqueza e ao crescimento econômico advindo da atividade econômica globalizada a regulamentação e a ordenação necessárias a produzir o desenvolvimento e a justiça social, visando a bloquear seus mais perversos efeitos, tais como: criação de monopólios, especulações financeiras, exploração do trabalho humano, dentre outros.

Não se pode esquecer que, dentro do contexto valorativo e dirigente do texto constitucional de 1988, o desenvolvimento nacional deve estar necessariamente relacionado a melhorias nos indicadores sociais do país. Tal afirmação ganha ainda mais relevo no atual momento histórico, quando o mito de que a própria atividade econômica globalizada é capaz de autorregular-se está, mais do que nunca, abalado e suscetível a críticas e objeções que lhe possam ser impostas pela atividade política, sempre iluminada pela busca da justiça social.

1988. Apresentação André Ramos Tavares. Belo Horizonte: Fórum, 2007. (Coleção Fórum de Direitos Fundamentais, vol. 1.), p. 69-73.

80 Sobre a aplicação do mesmo critério distintivo sobre o conteúdo valorativo dos bens jurídicos na República portuguesa, verificar: DIAS, Jorge de Figueiredo. Para uma dogmática do direito penal secundário. Um contributo para a reforma do direito penal econômico e social português. In: D'AVILA, Fabio Roberto; SOUZA, Paulo Vinicius Sporleder de (orgs.). *Direito penal secundário: estudos sobre crimes econômicos, ambientais, informáticos e outras questões*, p. 44.

4. Política criminal

4.1. Conceituação e delimitação do objeto de estudo

Partindo da premissa de que a criminologia dá ao direito penal o "substrato último de conhecimento pré-jurídico",[1] é certo que a política criminal, enquanto disciplina integrante das chamadas "ciências criminais", indica aos agentes políticos (integrantes dos Poderes Legislativo, Executivo e Judiciário) as medidas e as técnicas de intervenção com vistas a impedir ou diminuir o cometimento futuro de novos delitos.

Nos dizeres literais de Sérgio Salomão Shecaira, trata-se a política criminal de "disciplina que estuda as estratégias estatais para atuação preventiva da criminalidade, e que tem por finalidade estabelecer a ponte eficaz entre a criminologia, enquanto ciência empírica, e o direito penal, enquanto ciência axiológica".[2]

Utilizando-se o conhecimento científico criminológico como referência e substrato, a política criminal deve transformar tal conhecimento em "opções e estratégias concretas assumíveis pelo legislador e

---

1 SHECAIRA, Sérgio Salomão. *Criminologia*, p. 40.

2 Pena e política criminal. A experiência brasileira. In: SÁ, Alvino Augusto de; SHECAIRA, Sérgio Salomão (orgs.). *Criminologia e os problemas da atualidade*, p. 321-334.

pelos poderes públicos", as quais poderão ser convertidas em proposições jurídicas pela dogmática jurídico-penal ou mesmo em opções de estratégias de controle social em outros ramos de intervenção social.[3]

A política criminal e suas propostas, assim, disseminam-se por todos os níveis de atuação do Estado, constituindo-se num braço da política social, de alcance mais amplo.

Embora as decisões judiciais sejam também decisões de política criminal, na medida em que aplicam a lei geral ao caso concreto posto sob julgamento, seguindo o programa valorativo e ideológico do juiz individualmente considerado e do Poder Judiciário enquanto instituição, esse aspecto não será foco do presente estudo, que cuidará unicamente da política criminal enquanto atividade legislativa. Isto atende a um corte metodológico que tem por finalidade não expandir demais os limites do objeto de investigação, o que poderia tornar inexequível o presente estudo.

Propõe-se, com essa pesquisa, a utilização de um modelo axiológico extraído da Constituição de 1988 para servir de guia para atuação do legislador penal em relação aos crimes econômicos, quando do exercício de sua legítima e imprescindível atividade política. Afasta-se, portanto, da discussão a chamada judicialização da política ou o ativismo judiciário, uma vez que se pretende pôr em relevo o exercício da atividade política propriamente dita, por meio da ação do Poder Legislativo, como forma de concreção do conteúdo dirigente da Constituição de 1988.

Para se introduzir neste estudo, faz-se necessário conhecer o conceito de controle social, sua delimitação e as técnicas de intervenção social para obtê-lo, a fim de que se possa, posteriormente, entender a função da política criminal e do direito penal econômico na consecução de objetivos políticos e sociais previamente traçados, tudo

---

3 *Idem, ibidem*, p. 46.

POLÍTICA CRIMINAL E CRIMES ECONÔMICOS   147

incluído num panorama maior de intervenção social, representado
pela ação da política social.

4.2. Controle social formal e o
controle social informal

O evolver diacrônico da criminologia vem deslocando, historicamente, o eixo de observação desta ciência, antes focalizada na figura
do autor do crime – quando se problematizava o que o homem faz e
porque o faz –, para a maneira pela qual a sociedade reage ao crime
e por que o faz, dentro de uma perspectiva interacionista entre indivíduo, sociedade e o fenômeno criminal. Assim, o estudo sobre as instâncias do controle social ganha especial importância na obtenção e
sistematização do conhecimento criminológico e, por consequência,
na eleição das estratégias político-criminais de combate e prevenção
às ações socialmente lesivas.[4]

Lola Aniyar de Castro define controle social como "um conjunto de táticas, estratégias e forças para a construção da hegemonia,
isto é, para a busca de legitimação ou garantia do consenso; ou, em
caso de fracasso, para submissão forçada dos que não se integram à
ideologia dominante".[5]

Embora existam numerosas propostas de classificação das formas
assumidas pelo controle social, é certo que a mais comum divisão

---

4   DIAS, Jorge de Figueiredo; ANDRADE, Manuel da Costa. *Criminologia: o ho-
    mem delinquente e a sociedade criminógena*, p. 365 e segs.

5   *Criminologia da libertação*. Tradução de Sylvia Moretzsohn. Rio de Janeiro:
    Revan: Instituto Carioca de Criminologia, 2008, p. 153. (Coleção Pensamento
    Criminológico, vol. 15.) No mesmo sentido, Sérgio Salomão Shecaira defi-
    ne controle social "como o conjunto de mecanismos e sanções sociais que
    pretendem submeter o indivíduo aos modelos e normas comunitários". In:
    Criminologia, p. 60.

encontrada no âmbito da literatura criminológica, e a qual se adotará na presente pesquisa, dá-se entre controle social formal e controle social informal.[6]

Chama-se controle social formal aquele exercido dentro das instâncias estritas de atuação jurídica sobre o crime, desde a polícia até as instituições encarregadas da execução penal e da assistência social ao delinquente. Busca-se, pela ação das instâncias formais de controle social, submeter o indivíduo a um ideal de conformidade em relação ao grupo, pela imposição de modelos de conduta e de pautas de valores. Tem como mola-mestra de sua atuação a promulgação das leis penais, porquanto, dentro da visão criminológica interacionista, a criação do campo social do que é criminalizado depende da escolha política que culmina na edição de normas que definem o que é a conduta desviante, fato que autoriza a atuação das instituições formais de persecução sobre grupos predeterminados de indivíduos, estigmatizando-os.[7]

As instâncias formais de controle social, exercidas principalmente por meio do direito e do processo penal, revelam-se, no mundo real, através dos chamados rituais de degradação, pelos quais os criminalmente perseguidos acabam sendo isolados do restante da sociedade, ou seja, dos assim chamados cidadãos honrados.

---

6   Verificar: BARREIRAS, Mariana Barros. Controle social informal x controle social formal. In: SÁ, Alvino Augusto de; SHECAIRA, Sérgio Salomão (orgs.). *Criminologia e os problemas da atualidade*. São Paulo: Atlas, 2008, p. 295-320. Esta autora alude a outras possíveis divisões classificatórias, tais como externos e internos; difuso e institucionalizado ou formalizado; estatal e privado; proativo e pós-fato; coercitivo e persuasivo; em esfera privada e em esfera pública; puro e espúrio.

7   Sérgio Salomão Shecaira identifica o controle social formal "com a atuação do aparelho político do Estado. São controles realizados por intermédio da Polícia, da Justiça, do Exército, do Ministério Público, da Administração Penitenciária e de todos os consectários de tais agências, como controle legal, penal etc.". Verificar: *Criminologia*, p. 60.

A estigmatização advinda dessa experiência – a etiqueta de criminoso, de desviado – altera e redefine indelevelmente a identidade do indivíduo, que acaba por assumir o estereótipo de proscrito da sociedade, deteriorando sua autoimagem e, dessa forma, definindo seu comportamento futuro. O desviado deixa de ser visto tal como ele realmente é, e passa a ser visto tal como a sociedade espera ou aguarda que ele seja. Inicia-se um círculo vicioso, no qual a profecia do comportamento criminal autocumpre-se, na medida em que o desviado passa a organizar sua vida em torno da etiqueta que lhe foi dada pela sociedade. Cria-se, assim, o problema da chamada criminalidade secundária, ou seja, aquela ocasionada pelo contato do desviado com as instâncias formais de controle social.[8]

É de se destacar o papel dos operadores humanos da máquina repressiva responsável por exercer a instância formal de controle social, fundamental na seleção daqueles indivíduos que receberão a etiqueta de desviados, dentro da seletividade e da discricionariedade existente na interação etiquetador-etiquetado. Em se tratando de crimes econômicos, tal fato ganha especial relevo porque grande parte dos operadores do direito, talvez motivados por sua solidariedade de classe social, propõe que não haveria necessidade de intervenção tão radical da persecução penal em face dos homens de negócio, que já se encontrariam "socializados". No entanto, não há o mesmo consenso em relação à mitigação dessa mesma seara de intervenção social ante os autores da criminalidade de massa, socialmente mais identificáveis com a figura do criminoso.[9]

---

8   Verificar: GARCÍA-PABLOS DE MOLINA, Antonio. *Tratado de criminologia*, p. 479-495.

9   Este também é o entendimento de Cláudia Maria Cruz Santos. *O crime de colarinho branco (da origem do conceito e sua relevância criminológica à questão da desigualdade na administração da justiça penal)*. Coimbra: Coimbra Editora, 2001, p. 54-58.

Dentro dessa compreensão, a norma penal integra, por si mesma, as instâncias formais de controle social, em que exerce papel primordial,[10] não obstante tenha sua eficácia condicionada e limitada, no mundo real, pela seleção operada pela atuação das demais instituições de controle social formalizado. A própria sociedade, ao repudiar a legitimidade de determinadas estruturas incriminadoras, tem influente papel na contenção da eficácia da reação condicionada pela norma penal. Cria-se, assim, a chamada cifra negra (ou dourada, como denominado pela criminologia radical no caso da criminalidade econômica).

Seria disfuncional uma sociedade em que não houvesse cifras negras, ou seja, na qual não houvesse aplicação parcial das leis penais e todas as instâncias de controle formal funcionassem na plenitude da autorização legislativa, na medida em que deslegitimaria o valor de suas próprias normas.[11] Da mesma maneira, torna-se disfuncional uma sociedade em que a atuação das instâncias formais de controle social ficasse aquém do socialmente desejado, uma vez que as normas também se veriam deslegitimadas.

Aqui, é importante trazer a literalidade do pensamento de Jorge de Figueiredo Dias e Manuel da Costa Andrade no sentido de que é dentro da atuação das instâncias formais de controle social, isto é, "essencialmente no caminho percorrido entre a polícia e o tribunal que se verifica

---

10 Enquanto instância de controle social forma, o direito penal "atua nos conflitos mais agudos, de modo altamente especializado e formal; reage frente a determinados comportamentos 'desviados' (os 'delitos') e se serve de uma partícula classe de intrumentos (penas e medidas de segurança) sempre negativos, nunca neutros". Verificar: GARCÍA-PABLOS DE MOLINA, Antonio. *Derecho penal parte general – fundamentos*, p. 130-131. Tradução livre do autor.

11 DIAS, Jorge de Figueiredo; ANDRADE, Manuel da Costa. *Criminologia: o homem delinquente e a sociedade criminógena*, p. 366-368.

a verdadeira 'mortalidade' dos casos criminais e se traduz a 'carreira' típica daqueles casos no conjunto do sistema da justiça penal".[12]

Vê-se, portanto, que o papel exercido pelas instâncias formais de controle social, além de estigmatizante, é também seletivo, na medida em que os indivíduos que já se encontram em situação de vulnerabilidade social são aqueles mais facilmente atingidos pelas redes da persecução penal. Tal risco é inversamente proporcional à medida que seja mais elevada a classe social do indivíduo, porquanto os mecanismos de seletividade das instâncias formais de controle social revelam-se menos operantes, em razão da dificuldade de se associarem cidadãos bens nascidos e homens de negócios ao estereótipo do desviado.

Por sua vez, o controle social informal dá-se pela ação de instituições sociais de fora do sistema persecutório estatal, que, por sua ação, condicionam cultural e socialmente a ocorrência ou não da conduta desviante, assim como a reação social ao agente desviado. Jorge de Figueiredo Dias e Manuel da Costa Andrade classificam como instâncias informais de controle social desde a tolerância social difusa diante de determinados tipos de criminalidade, até "as formas mais organizadas de reacção, como a que resulta da 'justiça' informal exercida por associações, lojas, empresas, escolas, igrejas etc".[13]

Enumeram-se como exemplos de controle social informal a família, a escola, a vizinhança, a opinião pública, os grupos de pressão, a profissão, a igreja, os clubes de serviço e os meios de comunicação de massa.[14] Como se vê, são instâncias e organizações da sociedade civil.

Claus Roxin assevera que a pena abstratamente cominada (instância formal de controle social) tem eficácia restrita na prevenção da ocorrência delito, de modo que deve haver maior atenção à sua prevenção

---

12 *Idem, ibidem*, p. 372. Ver também, no mesmo sentido: GARCÍA-PABLOS DE MOLINA, Antonio, *Tratado de criminologia*, p. 99-100.

13 *Idem, ibidem*, p. 371-372.

14 BARREIRAS, Mariana Barros. Controle social informal x controle social formal, p. 299.

por meio da implementação de ações de política social (instância informal de controle social), que auxilie na melhoria das condições de vida das pessoas que convivem nos nichos sociais criminógenos, ou seja, privilegia o papel do controle social informal em detrimento das instâncias formais de controle na prevenção do crime.[15]

Ocorre que, no que toca ao objeto do presente estudo – a criminalidade econômica –, as chamadas técnicas de controle social informal têm alcance muito curto, pois, como já alertava, no início do século XX, Edwin Sutherland, as pessoas que vestem colarinho branco e que são, em regra, os autores desse tipo de criminalidade, muito frequentemente são filhos de famílias estruturadas, não enfrentaram grandes carências durante a infância e juventude e, o que é mais peculiar, acabam aprendendo as técnicas do cometimento do ilícito por meio de um processo denominado, pelo mencionado autor, de associação diferencial, o qual se desenvolve no âmbito próprio da socialização exigida por seu exercício profissional.[16]

Além disso, não se pode perder de vista que as instâncias de controle social informal atuam educando e socializando o indivíduo, durante toda sua vida, numa ação condicionadora bem mais sutil do que aquela das agências formais. Não dependem, para ter eficácia, da coerção estatal, de modo que acabam demonstrando mais força em ambientes reduzidos e em sociedades menos complexas. Dessa forma, no panorama atual, em que a atividade econômica globalizada e a organização da sociedade contemporânea atingem complexidade antes inimaginável, veem-se enfraquecidas as instâncias informais de

---

15 Problemas atuais da política criminal. Tradução para o espanhol de Enrique Díaz Aranda. Tradução para o português de André Luís Callegari. *Revista ibero-americana de ciência penais*, Porto Alegre: Centro de Estudos Ibero-americano de Ciência Penais, ano 2, nº 4, set/dez 2001, p. 11-18.

16 *White collar crime: the uncut version*, passim.

controle social, principalmente no que diz respeito à criminalidade econômica e às suas características.[17]

Isso porque há de se ter em mente que a instância informal de controle social, embora socialmente muito relevante e eficaz, não dá resposta à altura do que necessita a sociedade quando o conflito social instalado reveste-se de particular gravidade, oportunidade em que sua mediação e solução somente podem ficar à mercê da instância formal de controle social, por meio da intervenção do Estado e da justiça penal.[18] Quando se fala em criminalidade econômica, não há como esquecer que se fala em vitimização massiva, interesses supraindividuais e sociais, de modo que não parece a instância informal de controle social ser a mais adequada para tratar deste tipo de conflito social, em vista da gravidade e da complexidade nele envolvidas.

Em vista do que já foi dito em relação às instâncias formais e informais de controle social, parece ser de fundamental importância investigar o papel exercido pela política criminal para dar harmonia às iniciativas estatais referentes às técnicas de intervenção e prevenção da criminalidade econômica, já que ambas as instâncias de controle social apresentam sérios déficits de eficiência em relação a esse tipo de criminalidade.

Essa preocupação ganha especial relevo no quadro social brasileiro contemporâneo, no qual a atividade econômica globalizada encontra-se instalada com todos os seus riscos, coexistindo, em contrapartida, com a premência imposta pelo dirigismo constitucional de fazer valer, por meio do exercício político, os valores e as iniciativas que submetam a ordem econômica aos ditames da justiça social e que garantam o desenvolvimento nacional.

---

17 Verificar: SHECAIRA, Sérgio Salomão. *Criminologia*, p. 60-61.

18 GARCÍA-PABLOS DE MOLINA, Antonio. *Tratado de criminologia*, p. 212-218.

Nesse contexto, a política criminal – concebida como um dos múltiplos braços da política social, de maior alcance – tem a missão de fazer perpassar às técnicas de intervenção social para controle e prevenção da criminalidade econômica a carga axiológica constitucional, assunto que será tratado no próximo item.

4.3. Política criminal como parte da política social para obter o controle social

O dilema fundamental que se pretende colocar ao legislador penal é o de como encontrar um modo de submeter a critérios sociais e democráticos, previstos constitucionalmente, sua atuação política de elaboração de leis penais, no que se refere, principalmente, aos crimes econômicos, tendo em vista, na outra mão, os critérios axiológicos e dirigentes que emanam da Constituição de 1988, segundo os quais a ordem econômica deve submeter-se aos ditames da justiça social.

Diante da realidade enfrentada pela sociedade contemporânea, mormente no que se refere às características absolutamente peculiares assumidas pela atividade econômica e por seu progresso tecnológico, é correto afirmar-se que "os quadros axiológicos não acompanham o ritmo das realizações científicas, provocando-se assim verdadeiros vazios normativos".[19]

Como salienta Gérson Pereira dos Santos:

> Da mesma forma que os governos desenvolvem uma política econômica, social, de urbanização ou sanitária como elementos de uma planificação global, feita a priori, de igual modo, uma política criminal deve ser

---

19 DIAS, Jorge de Figueiredo; ANDRADE, Manuel da Costa. *Criminologia: o homem delinquente e a sociedade criminógena*, 1997, p. 436.

POLÍTICA CRIMINAL E CRIMES ECONÔMICOS   155

planificada tendo em vista as necessidades práticas da comunidade nacional.[20]

Quando se refere à necessidade de implementação de uma ação
política no sentido de fazer valer a ideologia constitucional na ordenação da atividade econômica no Brasil, não se pode perder de vista o
pensamento pioneiro – mas ainda atual em muitos aspectos – de Franz
von Liszt a respeito do papel da política criminal como parte integrante
de um programa maior, que é o da política social de um país.

Franz von Liszt via o direito penal como "conjunto das regras jurídicas estabelecidas pelo Estado, que associam o crime, como fato,
à pena, como legítima consequência".[21] O grande avanço que repre-
sentou seu pensamento foi a superação da concepção meramente
retributiva da pena, vista como consequência do crime, para lhe atribuir uma ideia de finalidade, ou seja, "um dos meios, posto nas mãos
do Estado, para a luta contra o crime".[22]

Possuindo, então, o poder penal do Estado uma finalidade social
(luta contra o crime), a política criminal deve ser encarada como um
método racional que orienta as reações às ações socialmente desviadas, por meio da definição de estratégias de intervenção social.

Ainda de acordo com Franz von Liszt, o objeto da ação da política criminal não é pedagógico nem jurídico, mas sim "puramente
político", no sentido de desenvolver "uma luta consciente contra o
delito", não só por meio do direito penal ou da imposição de pena,

---

20 *Direito penal econômico*, p. 20.

21 *Tratado de derecho penal*. Tomo I. 4ª ed. Madri: Editorial Reus, 1999, p. 5.
    Tradução livre do autor.

22 *Idem, ibidem*, p. 7. Tradução livre do autor.

mas também por meio da política social "e sua atividade governativa", "num terreno comum onde aliam suas armas".[23]

Em outras palavras, Franz von Liszt entendia a política criminal como parte da política social, sendo a segunda, obviamente, mais ampla do que a primeira. "A política criminal é uma perspectiva política, necessária à consideração dos problemas nacionais, não só penais, exclusivamente penais, mas também de legislação social, civil; não só jurídicos, sociais".[24]

Heinz Zipf em nada dissente do entendimento de Franz von Liszt, acrescentando, em corroboração, outros elementos ao seu pensamento:

> (…) A evitação geral preventiva do delito conduz ao âmbito da Política cultural e da Política social. A Política criminal é considerada geralmente, nesta perspectiva, como parte da Política social (MERGEN, 1961, 271; NIGGEMEYER, 1964, 8, MAURACH, 1971, 33). A tal respeito representa uma verdade político-criminal evidente que 'uma boa Política social é a melhor Política criminal'(MEZGER, 1942, 241). Franz V. LISZT (1905, t. 2, 95) vê a Política criminal como uma das armas mais importantes da Política social.[25]

Pouco mais à frente, na mesma obra, Heinz Zipf conclui que a missão da política criminal é "influir, por meio da política social geral, na modificação das relações de dependência diagnosticadas na estrutura social, as quais fomentam o aparecimento do delito".[26]

---

23 *Op. cit.*, p. 66. Tradução livre do autor.

24 *Tratado de derecho penal*, p. 69. Tradução livre do autor.

25 *Introducción a la política criminal.* Tradução de Miguel Izquierdo Macías-Picavea. Madri: Edersa, 1979, p. 158. Tradução livre do autor.

26 *Idem, ibidem*, p. 159.

Importante, neste ponto, trazer o aporte de Claus Roxin, para quem é preciso afastar o caráter positivista do pensamento de Franz von Liszt, o que acabava por manter a política criminal fora do âmbito do direito penal. Excedendo as proposições iniciais de Franz von Liszt, Claus Roxin defende que a política criminal deveria ser incluída na própria discussão da teoria geral do delito, fornecendo o conteúdo valorativo à dogmática jurídico-penal. Os conhecimentos criminológicos impõem determinadas exigências político-criminais, as quais devem ser abarcadas pelas regras jurídicas. Em outras palavras, o direito penal é um dos meios pelo qual a política criminal manifesta-se.[27]

Todo o procedimento que vai da colheita do conhecimento criminológico à transformação legislativa, por meio do vetor representado pela política criminal, deve ter o seu conteúdo valorativo iluminado pelos fundamentos constitucionais.[28]

Jorge de Figueiredo Dias e Manuel da Costa Andrade afirmam que a política criminal é, ao mesmo tempo, trans-sistemática, na medida em que transcende os conhecimentos das demais ciências criminais, e intrassistemática em relação à concepção de Estado em que está inserida, já que, por ser imanente ao sistema jurídico-constitucional, deve seguir o seu consenso valorativo positivado para definir, em última análise, os limites do que é punível.[29]

Tendo, também, em consideração que a política criminal é diacrônica,[30] isto é, trata-se de disciplina que evolui no tempo, bem

---

27 *Política criminal e sistema jurídico-penal.* Tradução de Luís Greco. Rio de Janeiro: Renovar, 2000, *passim.*

28 Verificar: ROXIN, Claus. *A proteção de bens jurídicos como função do direito penal*, p. 34.

29 *Criminologia: o homem delinquente e a sociedade criminógena*, p. 95.

30 DELMAS-MARTY, Mireille. "Del derecho penal a la politica criminal". *Revista del Instituto Latinoamericano de las Naciones Unidas para la Prevención del Delito*

como é multidisciplinar, faz-se necessário delimitar a compreensão de sua atuação no Brasil contemporâneo, iluminada pelo conteúdo dirigente da Constituição de 1988, no que se refere ao enfrentamento da criminalidade econômica, inserida no contexto de uma ordem econômica globalizada.

Neste ponto, interessante a observação de Mireille Delmas-Marty:

> (...) no mundo moderno, as escolhas de política criminal – quer se trate de delimitar o fenômeno criminal ou de definir as respostas a este fenômeno – se orientam de forma diferente conforme essa necessidade de segurança seja apreciada, sentida, compreendida por meio de um outro valor considerado fundamental.[31]

Como se vê, é papel central da política criminal definir os limites de intervenção da dogmática jurídico-penal na sociedade, indicando, a partir do substrato que lhe é dado pelos conhecimentos criminológicos, a que tipo de conduta deve a sociedade reagir e como deverá ser essa reação, de acordo com a época histórica e com o consenso valorativo de cada sociedade.

Quando considerada no âmbito da sociedade contemporânea, em que as relações sociais têm grande complexidade e a atividade econômica globalizada produz também riscos em escala global, a política criminal deve atuar como linha auxiliar da atividade política abrangentemente considerada, visando a contribuir com a regulamentação de determinados setores da vida social, por meio do reforço à proteção

---

y el Tratamiento del Delincuente. San José: Inecip, ano 11, n° 26, 2002, p. 72.

31 DELMAS-MARTY, Mireille. *Os grandes sistemas de política criminal.* Barueri: Manole, 2004, p. 45.

de bens e valores que, por sua importância, sejam merecedores de proteção penal.

Tendo assim definido o seu papel assertivo na sociedade, tem-se que, negativamente, é também função da política criminal estabelecer quais condutas e bens deverão ficar alheios à proteção penal, uma vez que a intervenção de outros ramos jurídicos disciplinadores serão mais eficazes e menos danosos para atingir os objetivos sociais politicamente traçados.

Desse modo, não se pode perder de vista que a inclusão, ou não, de determinada conduta nos domínios do direito penal dependerá, sempre, da discricionariedade e do critério adotado pelo legislador em sua atividade política, isto é, será submetida à carga valorativa e ideológica da qual está imbuída a atividade legiferante. Prover o legislador desse conteúdo é a função primordial da política criminal.[32]

No quadro axiológico ditado pelo dirigismo do texto constitucional de 1988, em que, de um lado, foram consagrados os pilares do Estado Democrático de Direito, com seus direitos e garantias e, de outro, restaram estabelecidos como objetivos fundamentais da República brasileira a busca do desenvolvimento nacional, a construção de uma sociedade livre, justa e solidária, bem como a erradicação da pobreza, com a necessária submissão da ordem econômica aos ditames da justiça social, a política criminal tem sua ação limitada pela moldura democrática do Estado brasileiro, ao mesmo tempo em que deve ser iluminada pelos valores e objetivos sociais estabelecidos no texto constitucional.

Assim definido o rol de **atribuições** e atividades da política criminal, passa a ser de inegável importância sua contribuição para

---

32 Verificar, a respeito: DIAS, Jorge de Figueiredo; ANDRADE, Manuel da Costa. Problemática geral das infracções contra a economia nacional. In: PODVAL, Roberto (org.). *Temas de direito penal econômico*. São Paulo: Editora Revista dos Tribunais, 2000, p. 64-98.

160 LEANDRO SARCEDO

disciplina e regulamentação sobre a ordem econômica, estabelecendo os limites do penalmente punível e o alcance da proteção penal aos bens jurídicos supraindividuais ou sociais, principalmente quando ligados à consecução dos objetivos fundamentais da República brasileira.

4.3.1. Caso específico dos crimes econômicos

Conforme vem sendo abordado ao longo do presente trabalho, em relação ao controle social da criminalidade econômica, é preciso que a atuação da política criminal, imbuída da consecução dos objetivos dirigentes estabelecidos pela Constituição de 1988, tenha em conta, na delimitação do seu campo de ação e na eleição dos seus meios de ação, os conhecimentos criminológicos sobre as características do estrato social sobre o qual recairá sua intervenção.

Isso porque a complexidade das relações sociais na sociedade contemporânea e os riscos produzidos pela atividade econômica globalizada – assim como os seus resultados, aos quais a humanidade, atônita, vem assistindo –[33] indicam a necessidade de uma nova disciplina estatal.

Fenômenos como a internacionalização do capital e das empresas, bem como o avançado desenvolvimento tecnológico na circulação de informações, dificultam sobremaneira o papel do Estado no combate à criminalidade econômica, na medida em que não há

---

33 Recentemente, tomou o noticiário a informação que uma montadora de automóveis de origem alemã instalada no Brasil errou nas especificações técnicas do óleo lubrificante utilizado na linha de montagem de quase 800.000 veículos produzidos entre os anos de 2008 e 2009. O erro traz deficiência na lubrificação dos motores destes veículos, sendo suas consequências ainda imprevisíveis para os consumidores. Disponível em: <http://carros.uol.com.br/ultnot/2009/10/27/ult634u3704.jhtm> e <http://www.jt.com.br/editorias/2009/10/28/eco-1.94.2.20091028.4.1.xml>. Acesso em 29/10/2009.

espaço definido da ocorrência dos fatos desviantes, nem mesmo seus agentes têm nacionalidade definida. São comuns as ações desviantes ocorridas concomitantemente em pontos diversos do globo terrestre, cuja responsabilidade incumbe a pessoas diferentes e cujos resultados serão sentidos, também, em diferentes partes do planeta. A criminalidade econômica apresenta-se de forma sofisticada e protagonizada por especialistas, impulsionando-se com os progressos tecnológicos e informacionais, que trazem maior dificuldade ao controle da atividade econômica globalizada. As técnicas formais tradicionais de intervenção, principalmente a ação da polícia, mostram-se inadequadas e obsoletas para esse combate, para o qual são necessárias técnicas de intervenção renovadas.[34]

Somente por meio da intervenção advinda da atividade política do Estado é que se conseguirá dar às riquezas produzidas pela economia de mercado a ordenação necessária para que também se produza justiça social, desenvolvimento nacional e a consequente erradicação da pobreza. Deixar o mercado entregue à sua própria sorte – algo que os teóricos contemporâneos denominam autorregulação – significa pedir-lhe "o remédio para a doença que ele próprio inoculou".[35]

O papel exercido pela política criminal na concretização dos objetivos fundamentais da República brasileira e na consequente submissão da ordem econômica aos ditames da justiça social motiva-se pela necessidade de reforçar a proteção estatal sobre determinados bens sociais, porquanto não há dúvida de que a lesividade aos interesses supraindividuais pela criminalidade econômica acaba influindo

---

34 ROYSEN, Joyce. Histórico da criminalidade econômica, p. 195-196.

35 DIAS, Jorge de Figueiredo. O papel do direito penal na protecção das gerações futuras, p. 23. Afirma, ainda, que "para alcançar esse desiderato [a autorregulamentação] se serviria da eliminação de toda a hetero-regulamentação e do elemento de coacção que inevitavelmente a acompanha, conduzindo deste modo à prescindibilidade já não apenas do direito penal, mas de todo o Direito".

negativamente na capacidade do País concretizar as proposições político-sociais contidas no texto constitucional de 1988.

Embora se saiba que a permeabilidade dos efeitos produzidos pela instância formal de controle social no mundo dos negócios seja seletiva e de alcance limitado, é certo que, ainda assim, seus resultados são mais efetivos que aqueles que podem ser atingidos por meio do controle social informal ou mesmo pela regulamentação proveniente de outros ramos do direito.[36] Isso se dá em vista do processo de aprendizagem diferenciada das técnicas criminosas, que tem o ambiente propício para se desenvolver dentro das próprias corporações, bem como diante da motivação das decisões empresariais, amparada num frio cálculo a respeito dos riscos de cada conduta ante as consequências legais previstas para ela, sempre confiando nas dificuldades de compreensão da complexa lógica das atividades empresariais e da produção de prova sobre sua ocorrência.

Como adverte Claus Roxin, vários delitos não podem ser evitados nem mesmo com as mais cuidadosas medidas de vigilância anteriores à incidência do direito penal, dando como exemplo específico os delitos econômicos, porquanto não atingem objeto exteriormente visível, sendo, assim, de difícil percepção.[37]

Edwin Sutherland afirma que as corporações empresariais veem seu envolvimento com a justiça criminal como uma vergonha e assumem tal fato como se já fosse, por si só, uma punição. Assim, envidam esforços para que seus atos sejam tratados fora da esfera

---

36 "É indiscutível que a força conformadora dos comportamentos das pessoas que pertence ao direito civil e ao direito administrativo é menor do que a que cabe ao direito penal; como menor é, por isso, a força estabilizadora das expectativas comunitárias na manutenção da validade da norma violada, neste sentido, a sua força preventiva, ou, mais especificamente, de 'prevenção geral positiva ou de integração'." Verificar: DIAS, Jorge de Figueiredo. O papel do direito penal na protecção das gerações futuras, p. 25.

37 *Estudos de direito penal*, p. 7.

penal, na medida em que os procedimentos mais brandos dos outros ramos do direito mascaram o caráter realmente criminoso da
ação. Elimina-se, com isso, o estigma da justiça criminal, sempre
encarado como punição em si mesmo e identificado com as classes
socioeconomicamente baixas.[38]

Ademais, continua aquele autor, as grandes corporações acabam
se beneficiando da aplicação diferenciada das leis, em razão de três
fatores principais: o *status* social do homem de negócios, o agente
primordial do crime econômico; os vários mecanismos criados para
abrandamento ou evitação das punições; e a relativa desorganização
da repulsa pública a esta forma de criminalidade.

A respeito, ainda, da respeitável posição social ocupada pelo homem de negócios, o agente por excelência do crime econômico, é
importante ressaltar que há homogeneidade cultural e social entre
ele e os legisladores, juízes e administradores públicos, de maneira
que dificilmente ele é visto dentro do estereótipo de criminoso, da
mesma forma que há grande dificuldade para que seus atos sejam
encarados como crimes. Situação oposta àquela vivenciada pelas pessoas oriundas dos estratos socioeconômicos menos privilegiados, sempre tão facilmente enquadráveis, pelas instâncias formais de controle
social, no estigma de criminoso.

Para Bernd Schünemann, em texto escrito antes mesmo da mais
recente crise econômica de caráter global, o mero controle administrativo, ainda que exercido de forma intensa, sobre os bancos, por
meio da obrigatoriedade de submissão de seus balanços à análise de
grandes empresas de auditores, não foi suficiente para impedir que
tenham eles causado enormes prejuízos, que alcançam a casa dos
bilhões de dólares estadunidenses. Em relação à ineficiência dos
procedimentos de auditoria junto às empresas e à bolsa de valores,

---

38 *White collar crime: the uncut version*, p. 52-57.

lembra o caso Enron, ocorrido nos Estados Unidos da América do Norte. Conclui que "parece, assim, claro que um sistema de controle administrativo não pode substituir a utilização do direito penal, mas apenas complementá-la, e que por vezes se pode dispensar o controle administrativo mais facilmente que o direito penal (...)".[39]

Não se quer, com isso, atribuir à política criminal e, consequentemente, ao direito penal um protagonismo de caráter absoluto na ordenação social e na regulamentação da ordem econômica, mas tão-somente não lhes retirar a importância do papel que podem exercer, desde que compreendido tal contributo dentro das limitações e lacunas da proteção aos bens jurídicos de interesse social e de caráter social que podem oferecer. Para tanto, a política criminal há de distinguir as ofensas admissíveis das ofensas inadmissíveis aos bens jurídicos supraindividuais ou sociais, limitando sua prognose à intervenção do direito penal sobre estas últimas.[40]

4.4. Política criminal submetida aos ditames da justiça social (artigo 170 da Constituição) e à construção de uma sociedade livre, justa e solidária

Conforme leciona Eros Roberto Grau, a ordem econômica distingue-se entre o mundo do ser, formado pelo substrato real da economia em sua realização cotidiana, e o mundo do dever-ser, de caráter jurídico. É missão que permeia a construção do mundo do dever-ser econômico, quando iluminada pelos valores instalados na Constituição, implementar políticas públicas, interagindo com o mundo do ser,

---

39 O direito penal é a *ultima ratio* da proteção de bens jurídicos – Sobre os limites invioláveis do direito penal em um Estado de Direito liberal, p. 22-23.

40 Verificar: DIAS, Jorge de Figueiredo. O papel do direito penal na protecção das gerações futuras, p. 21-34.

visando ao seu aprimoramento e preservação. Tal interação acaba sendo recíproca, pois as intervenções promovidas no mundo do ser acabam afetando, por sua vez, a própria conformação do mundo do dever-se, e assim sucessivamente. Com este mecanismo, persegue-se transformar o mundo do ser das relações econômicas e busca-se dar vida real ao dirigismo intervencionista da Constituição de 1988.[41]

Em vista disso, Celso Eduardo Faria Coracini afirma ser inegável o fato de que o direito penal econômico (mundo do dever-ser) exerce efetivo papel de intervenção estatal na vida econômica (mundo do ser), alterando, reforçando ou aprimorando as características do modelo político-econômico de Estado ao qual se destina, na medida em que zela pelo funcionamento correto do mercado de consumo e de capitais, coíbe abusos do poder econômico, protege a saúde financeira do Estado, ou seja, tutela a ordem econômica nacional.[42]

Os contornos e os limites da construção do mundo do dever-ser relativo à dogmática jurídico-penal de caráter econômico são dados pela política criminal, que tem sua intervenção ancorada nos conhecimentos a respeito do mundo do ser obtidos pelos estudos criminológicos em sua área de intervenção, a economia.

Como parte da política social, de caráter mais amplo, e sempre atenta aos valores e objetivos dirigentes estabelecidos pela Constituição de 1988, a política criminal deve pautar sua intervenção sobre a economia tendo sempre em vista auxiliar a submissão da ordem econômica aos ditames da justiça social, bem como construir uma sociedade livre e justa.

Para Eduardo Correia, não há dúvida de que a intervenção da política criminal sobre este aspecto da realidade social – a economia – é plenamente justificável pelos imperativos éticos derivados das

---

41 *A ordem econômica na Constituição de 1988 (interpretação e crítica)*, p. 65-76.

42 *Contexto e conceito para o direito penal econômico*, p. 435-441.

necessidades sociais geradas pela construção de uma nova realidade, como aquela objetivada pelo texto constitucional brasileiro:

> A garantia dos direitos do trabalho, a planificação econô-mico-social que vise uma melhor produção e distribuição da riqueza ou um mais amplo acesso e difusão da instru-ção e da cultura, como, em geral, as providências desti-nadas a promover a melhoria do Bem-estar, tendem, em muitos aspectos, a ter, e têm cada vez mais, ressonância moral na consciência dos indivíduos. E já isto pode atrair as violações dos respectivos imperativos para o campo de um ilícito eticamente fundamentado, a respeito do qual seja possível falar-se de uma censura moral, quer dizer, para o direito criminal.[43]

Não obstante, neste ponto, é preciso que se diga que a construção de uma sociedade livre e justa e a submissão da ordem econômica aos ditames da justiça social, no que dependem do cumprimento de diretrizes político-criminais, são objetivos que não podem ser alcan-çados unicamente com mudanças na estrutura do sistema punitivo penal voltado para a criminalidade dos mais ricos (embora este seja o foco principal do presente estudo), mas se sujeitam, também, a um giro valorativo em relação às propostas político-criminais voltadas à criminalidade dos mais pobres.[44]

---

43 Direito penal e direito de mera ordenação social. *Direito penal económico e europeu: textos doutrinários*. Vol. I. Coimbra: Coimbra Editora, 1998, p. 09.

44 Se é permitido aos acusados por crimes contra a ordem tributária e contra a previdência social parcelar ou pagar os valores por si apropriados, como forma de suspender ou extinguir a punibilidade penal (artigos 67 a 69 da Lei nº 11.941, de 27 de maio de 2009), incumbe indagar o porquê de tal mecanismo também não ser adotado em relação aos crimes de furto, apropriação indébita

Como bem descreve Alessandro Baratta, a análise do sistema penal deve ter como premissa sua desigualdade, pois a construção desse sistema não só representa o reflexo da superestrutura socioeconômica em que está inserido, mas também aprofunda os mecanismos que preservam tal desigualdade. O sistema penal, assim estruturado, tende a tornar criminalmente imunes condutas socialmente danosas características das classes mais privilegiadas, principalmente quando ligadas aos mecanismos de acumulação de riquezas. Quando se volta para as classes subalternas, o sistema penal tem redes de malhas muito finas e seletivas, enquanto, quando se volta para as classes poderosas, as malhas de suas redes são bastante largas e permissivas. Assim, arremata: "não só as normas do direito penal se formam e se aplicam seletivamente, refletindo as relações de desigualdade existentes, mas o direito penal exerce, também uma função ativa, de reprodução e de produção, com respeito às relações de desigualdade".[45]

Dessa forma, continua mencionado autor, a crítica à desigualdade do sistema penal deriva-se em propostas político-criminais que apontam em duas direções distintas, mas complementares. A primeira direção apontada pelas propostas político-criminais é o reforço da tutela penal sobre áreas essenciais de interesse social para a vida dos indivíduos e das comunidades, enfatizando a proteção aos direitos coletivos, tais como saúde, segurança no trabalho, integridade ecológica, entre outros. Trata-se de voltar o foco da reação das instituições formais de controle social para confrontar a criminalidade econômica, os desvios criminosos dentro dos órgãos estatais e a criminalidade organizada. De outro lado, a segunda direção que devem seguir tais

---

e estelionato, já que ontologimanente são muito parecidos aos primeiros, embora tenham, em regra, efeitos sociais de menor alcance.

45 *Criminologia crítica e crítica do direito penal.* Tradução Juarez Cirino dos Santos. 3ª ed. Rio de Janeiro: Revan: Instituto Carioca de Criminologia, 2002, p. 164-167. (Coleção Pensamento Criminológico, vol. 1.)

propostas político-criminais aponta para uma audaciosa contração do sistema punitivo no que se refere à criminalidade típica das classes subalternas, aliviando a pressão por ele exercida sobre o "destino dos indivíduos e para a unidade da classe operária, que o sistema penal concorre para separar, drasticamente, de suas camadas marginais".[46]

Entrementes, às ponderações de Alessandro Baratta a respeito das duas direções que devem ser seguidas por uma política criminal crítica em relação às desigualdades do sistema penal, soma-se sua constante preocupação com o caráter estigmatizante do sistema punitivo formal. O giro valorativo por ele proposto para o tratamento das questões de política criminal não deve jamais desembocar numa política "pan-penalista", que nada mais faria do que estender o alcance do direito penal, reforçando e confirmando a ideologia da defesa social e a legitimação do sistema repressivo tradicional.

Embora não se discuta a correção da afirmação de Edwin Sutherland no sentido de que "seria excelente política eliminar o estigma do crime das violações da lei cometidas não só pela classe alta, mas também pela classe baixa",[47] é certo que, ante os ditames da Constituição dirigente, mormente no que se refere aos imperativos de alcançar a justiça social e erradicar a pobreza, a política criminal deve estar atenta ao objetivo constitucional de promover a aproximação dos extremos sociais. O que não se pode aceitar, portanto, são os argumentos sociológicos pelos quais se veem como nocivos somente os efeitos da estigmatização advinda do controle social formal sobre o crime do colarinho branco, mas não defendem com a mesma veemência sua substituição nos domínios do crime comum.[48]

---

46 *Idem, ibidem*, p. 202-203.

47 *White collar crime: the uncut version*, p. 55.

48 SANTOS, Claúdia Maria Cruz. *O crime de colarinho branco (da origem do conceito e sua relevância criminológica à questão da desigualdade na administração da justiça penal)*, p. 54-58.

Aqui, vale transcrever a reflexão de Claus Roxin, para quem "[U]ma ordem jurídica sem justiça social não é um Estado de direito material, e tampouco pode utilizar-se da denominação Estado Social um Estado planejador e providencialista que não acolha as garantias de liberdade do Estado de Direito".[49]

Nos termos da Constituição de 1988, os fundamentos da República Federativa do Brasil são o respeito à dignidade da pessoa humana e a promoção da cidadania, sempre com o objetivo de obter o desenvolvimento nacional; construir uma sociedade livre, justa e solidária; erradicar a pobreza e as desigualdades. Por seu turno, a ordem econômica deve se submeter aos ditames da justiça social.

Como já se disse anteriormente, embora sejam duas as frentes de intervenção político-criminal que podem auxiliar na consecução dos objetivos constitucionais acima mencionados, é certo que apenas uma delas interessa ao foco do presente trabalho, que é aquela voltada para a criminalidade econômica, aviltadora de interesses suprain-dividuais e sociais.

Ademais, há que se ter em consideração que o movimento despenalizante em relação à criminalidade típica das classes subalternas, como proposto por Alessandro Baratta, parece não trazer maiores preocupações de caráter constitucional a respeito dos limites que podem atingir a intervenção penal na sociedade brasileira, porquanto ações políticas que diminuam o estigma advindo da intervenção das instâncias formais de controle social são, em regra, consentâneas aos valores dirigentes estabelecidos pela Constituição de 1988. Já a proposta político-criminal de estender o alcance das malhas penais sobre a criminalidade econômica merece considerações sobre seus limites, a fim de que o direito penal não seja considerado como remédio para todos os males sociais, mas sim seja visto dentro da importância social

---

49 ROXIN, Claus. *Política criminal e sistema jurídico-penal*, p. 20.

que realmente tem, limitado ao reforço da proteção de determinados valores sociais merecedores de tutela.[50]

Atenta aos valores dirigentes da Constituição, que devem orientar a ação da política social em sua intervenção na ordem econômica, a política criminal – como parte integrante que é da política social, mais ampla –, no que tange às estratégias de intervenção junto à chamada criminalidade econômica, deve subordinar sua intervenção aos ditames da justiça social, mas sempre observando e respeitando os limites da dignidade da pessoa humana, sem o que jamais poderá se concretizar o objetivo traçado já no artigo 1º da Constituição de 1988, pelo qual o Brasil constitui-se em Estado Democrático de Direito.

4.4.1. Limites à política criminal impostos pela estrutura do Estado Democrático de Direito

Para adentrar na tratativa do tema proposto neste subitem, é preciso, antes de tudo, ter em mente a advertência de Edwin Sutherland em relação à falaciosa resistência a uma maior regulamentação da atividade econômica, inclusive por meio do direito penal.

De acordo com o referido autor, homens de negócio – nada impede que se amplie tal definição para integrantes das classes socioeconômicas dominantes – não são contrários ao planejamento social de sua atividade. Ao contrário, na maioria das vezes são

---

50 Interessante, aqui, trazer a reflexão de Gabriel Ignácio Anitua sobre a obra de Edwin Sutherland, para quem o "garantismo – isto é, a aplicação do direito penal do Iluminismo – no que se refere aos delitos de colarinho branco ia, na realidade, contra um sistema de direitos humanos, pois se transforma numa dupla balança da justiça que, por um lado, penaliza sistematicamente os delitos dos pobres e, por outro, garante a liberdade no concernente aos delitos dos ricos". In: *Histórias dos pensamentos criminológicos*. Tradução Sérgio Lamarão. Rio de Janeiro: Instituto Carioca de Criminologia, 2008, p. 497. Coleção Pensamento Criminológico, vol. 15.

favoráveis, desde que tal planejamento atenda a seus interesses. De outro lado, "o planejamento social para uma sociedade mais inclusiva é criticada por eles como 'arregimentação', 'burocracia', 'visionarismo' e 'comunismo'".[51]

Em vista disso, toda gama de direitos e garantias individuais conferida ao cidadão pela Constituição de 1988, com o seu importantíssimo e inegável papel de limitadora da ação estatal na seara penal, não pode ser transformada, como pretendem muitos autores, numa Constituição dirigente invertida,[52] isto é, motivar a subversão dos valores constitucionais de modo a manter intacto o chamado "núcleo duro" do direito penal clássico (ou liberal, como se verá adiante), voltado à criminalidade das classes subalternas, dificultando que este ramo do direito discipline condutas derivadas do exercício da atividade econômica e, assim, proteja os interesses supraindividuais da sociedade.

No entanto, é preciso que a existência de imperativos jurídico-constitucionais de criminalização, derivados das missões políticas atribuídas ao Estado pela Constituição dirigente, encontre seus limites na própria lei fundamental.[53] Princípios como o da legalidade,

---

51 *White collar crime: the uncut version*, p. 256. Tradução livre do autor.

52 Verificar: BERCOVICI, Gilberto; MASSONETTO, Luís Fernando. A Constituição dirigente invertida: a blindagem da Constituição Financeira e a agonia da Constituição Econômica. In: COUTINHO, Jacinto Nelson de Miranda; MORAIS, José Luis Bolzan de; STRECK, Lenio Luiz. *Estudos constitucionais.* Rio de Janeiro: Renovar, 2007, p. 121-136. Neste artigo, os autores advertem para os perigos da crítica conservadora à Constituição dirigente, no sentido de que esta "amarraria" as ações governamentais com suas prescrições extensas de direitos sociais conferidos aos cidadãos, ao mesmo tempo em que as "amarras" decorrentes das reformas constitucionais que privilegiam o financismo são elogiadas e, segundo os mesmos críticos, geram a credibilidade do país. É o que chamam de Constituição dirigente invertida, ou seja, aquela "que vincula toda a política do Estado brasileiro à tutela estatal da renda financeira do capital, à garantia da acumulação de riqueza privada".

53 Conforme visto no capítulo 1 supra, dois dos temas que mais influenciaram o legislador constituinte de 1988 foram a organização econômica do País e a

da proporcionalidade, da não retroatividade e da individualização da pena são irrenunciáveis dentro da sistemática constitucional de 1988.

Como técnica de intervenção político-criminal, a criminalização de condutas somente terá legitimidade quando atuar sobre fenômenos sociais novos, ou anteriormente raros, de consequências insuportáveis, contra os quais somente o direito penal é capaz de proporcionar proteção efetiva.

Deve-se evitar a intervenção prematura do direito penal sobre fenômenos sociais ainda pouco conhecidos em relação a sua etiologia, estrutura e consequências, em detrimento do desenvolvimento de estratégias não criminais de controle social.[54]

Conforme doutrina de Sergio Moccia, não obstante os comportamentos multiformes impregnados de insidiosa danosidade social e difusa cumplicidade, muitas vezes, dentro do próprio aparelho estatal, é certo que o Estado Democrático (e Social) de Direito não deve recorrer a retorsões de natureza emotivo-simbólica, mantendo sempre até as últimas consequências a reserva de condutas não puníveis. Afirma, ainda, que, os comportamentos desviantes observados na sociedade contemporânea, "uma vez introduzidos na esfera de interesses do sistema penal, devem, sempre e em todo caso, estar sujeitos aos mesmos princípios de fundo que regulam a disciplina dos demais setores (sociais)".[55]

---

garantia dos direitos fundamentais do cidadão brasileiro, em razão da experiência histórica do Regime Militar então recém terminado, que uniu um modelo econômico excludente ao autoritarismo e à violência político-intitucional.

54 DIAS, Jorge de Figueiredo; ANDRADE, Manuel da Costa. *Criminologia: o homem delinquente e a sociedade criminógena*, p. 339-441.

55 De la tutela de bienes a la tutela de funciones: entre ilusiones postmodernas y reflujos iliberales. Tradução de Ramon Ragués Vallès. In: SILVA SÁNCHEZ, Jesús-María (org.). *Política criminal y nuevo derecho penal (Libro homenaje a Claus Roxin)*, p. 113-142 (citação entre aspas extraída das páginas 118-119). Tradução livre do autor.

A eleição dos bens jurídicos a que se pretende dar proteção, além de trazer ínsita uma decisão política que deve obedecer aos ditames da Constituição dirigente, tem também a função constitucional de delimitar o campo de ação do direito penal, que fica subordinado à necessária existência de ofensividade (ou lesividade), na conduta incriminada, ao valor que se quer juridicamente proteger, evitando-se, desta forma, a incriminação de condutas de mero caráter simbólico. Assim, como leciona Renato de Mello Jorge Silveira, a intervenção penal deve atender aos princípios estabelecidos pelo bem jurídico, quais sejam: I) princípio da lesividade, aquele que exige necessária comprovação de lesão a um determinado bem para sua eventual proteção; II) princípio da intervenção mínima, segundo o qual o direito penal deve ser a *ultima ratio* da intervenção estatal na busca do controle social, ou seja, somente pode ser utilizado quando outros meios de intervenção, menos hostis, não se mostraram suficientes; III) princípio da fragmentariedade, pelo qual a tutela penal não é vista de forma absoluta, mas seletiva, intervindo somente sobre agressões e ataques intoleráveis ao valor protegido; IV) princípio da subsidiariedade (também visto como desdobramento do princípio da intervenção mínima), que coloca o direito penal na condição social de remédio sancionador extremo, ante o malogro de outros meios menos gravosos de intervenção social.[56]

Tais preocupações principiológicas, ainda conforme Renato de Mello Jorge Silveira, derivam de que a necessidade de proteger interesses supraindividuais e sociais é tão importante quanto o respeito aos limites que devem ser observados pelo direito penal e pelas instâncias formais de controle social ao fazê-lo. Quando se pensa em termos de responsabilidade penal pessoal, são irrenunciáveis os princípios da

---

56 Direito penal supra-individual: interesses difusos. São Paulo: Editora Revista dos Tribunais, 2003, p. 54-56. (Ciência do direito penal contemporânea, vol. 3.)

culpabilidade, da proporcionalidade, da insignificância[57] e, até mesmo, da possibilidade de exercer a ampla defesa e o contraditório. Em outras palavras, deve o direito penal ser mínimo em seu conteúdo e garantista em suas formas, sob pena de tornar-se social e constitucionalmente ilegítimo o sistema persecutório.[58]

Isso porque, como acentuado por Jorge de Figueiredo Dias, embora não se possa negar ao direito penal a sua quota-parte de legitimação e de responsabilidade no reforço da regulamentação e da proteção de bens jurídicos supraindividuais e sociais, é preciso que seja visto e aceito o limitado alcance da efetividade desta intervenção na sociedade. Não se pode almejar obter, por meio do direito penal, a proteção social total contra os riscos advindos da atividade econômica globalizada por si mesmos, mas tão-somente que este ramo do mundo do dever-ser dê seu contributo à ordenação e à defesa social, no sentido de ajudar que tais riscos permaneçam dentro dos limites do suportável, em vista da proteção fragmentária, lacunosa e subsidiária dos bens jurídicos coletivos. Tal proteção jamais será nem poderá ser absoluta.[59]

---

57 Como afirma Helena Regina Lobo da Costa, "(...) um Direito Penal que apena aquele que praticou condutas insignificantes ou irrelevantes desestabiliza suas próprias normas quando seu destinatário verifica a inexistência de proporcionalidade entre a conduta lesiva e a reação a ela". Verificar: Contribuição das teorias de prevenção geral positiva limitadoras ao direito penal contemporâneo. In: SILVA, Luciano Nascimento (coord.). *Estudos jurídicos criminais.* Curitiba: Juruá Editora, 2008, p. 123-137.

58 SILVEIRA, Renato. *Direito penal econômico com direito penal de perigo*, p. 159-183.

59 O papel do direito penal na proteção das gerações futuras, p. 25-26.

5. Crítica constitucional às propostas político-criminais aplicáveis aos crimes econômicos na sociedade contemporânea

5.1. Política criminal e direito penal econômico na sociedade contemporânea

O desenvolvimento da compreensão sobre o tema proposto neste item não pode, em momento algum, afastar-se do pensamento de Alessandro Baratta,[1] para quem os interesses protegidos pelo direito penal não são comuns a todos os cidadãos, porquanto são interesses exclusivos dos grupos sociais que têm o poder de influir sobre os processos de criminalização. Para esse autor, "a criminalidade, no seu conjunto, é uma realidade social criada através do processo de criminalização", possuindo sempre natureza política e interesse na regulamentação de determinados arranjos político-sociais.

---

1   BARATTA, Alessandro. *Criminologia crítica e crítica do direito penal*, p. 119-120. Verificar, também, a respeito: PACHUKANIS, Evgeny Bronislavovich. *Teoria geral do direito e marxismo*. São Paulo: Editora Acadêmica, 1988, p. 117-136. Do capítulo retro mencionado, destaca-se o seguinte excerto (p. 123), bastante ilustrativo a respeito do processo de criminalização no Estado capitalista: "Assim constitui-se progressivamente o complexo amálgama do Direito Penal moderno onde podemos facilmente distinguir as camadas históricas que possibilitaram o seu aparecimento. Fundamentalmente, isto é, do ponto de vista puramente sociológico, a burguesia assegura e mantém o seu domínio de classe mediante seu sistema de Direito Penal, oprimindo as classes exploradas. (...)"

Há de se ter em vista, também, que o processo de criminalização, isto é, "a própria definição de quais são os delitos, constitui competência da política criminal: quantas são as condutas que cabe racionalmente qualificar como delitivas".[2]

Tendo como ponto de partida a valoração acima proposta, o que se pretende discutir, neste ponto, é o papel da política criminal na conformação do direito penal econômico, dentro da realidade socioeconômica contemporânea, fundamentado na necessidade precípua de defesa dos interesses supraindividuais ou sociais ante os interesses individuais, sempre tendo como princípios reitores e limitadores aqueles estabelecidos pelo conteúdo dirigente da Constituição de 1988.

Na realização do exame proposto, não se pode esquecer, como bem observa Bernd Schünemann, que se trata a globalização de um processo socioeconômico evolutivo e dinâmico, ainda não concluído, cujos perigos que gera estão sempre um passo adiante do direito penal usualmente utilizado para combatê-los, o qual permanece como parte integrante do núcleo fundamental da soberania do Estado nacional, restrito, portanto, aos seus limites geográficos.[3]

Renato de Mello Jorge Silveira aponta com precisão os novos desafios enfrentados pelo direito penal na realidade apresentada pela sociedade contemporânea, na medida em que a identificação dos novos fenômenos criminais deve ter em conta:

> (...) uma sensibilidade mais refinada na apreciação do problema ambiental em suas variadas facetas (ar, água, solo), maior atenção na utilização dos recursos, mais

---

2   SILVA SÁNCHEZ, Jesús-Maria. Política criminal y persona. Buenos Aires: Ad-Hoc, março de 2000, p. 23, tradução livre do autor.

3   SCHÜNEMANN, Bernd. El derecho en el proceso de la globalización económica. *Orientaciones de la política criminal legislativa*. Cidade do México: Instituto Nacional de Ciencias Penales, 2005, p. 3-16.

acurada atenção à gestão global dos sistemas produtivos, uma consciência mais madura do correto exercício da liberdade econômica e uma equilibrada disciplina dos fatores de produção e dos mecanismos idôneos para garantir racional e equitativa distribuição das rendas, resultando, pois, em um correto e ponderado sistema fiscal e uma utilização dos frutos dos tributos.[4]

O direito penal consentâneo com o atual estágio da sociedade e da economia contemporâneas deve proteger funções e finalidades da ação estatal de organização social muito mais do que exercer sua função clássica de defesa de interesses pessoais individualizados. Acrescenta, ainda, o mencionado autor que a intervenção no campo penal-econômico justifica-se pela necessidade de controle social, na medida em que o potencial de risco envolvido nesse tipo de criminalidade é incomparavelmente maior do que o envolvido na criminalidade tradicional.[5]

No entender de Jorge de Figueiredo Dias e Manuel da Costa Andrade, o mundo em que vivemos encontra-se submetido a profundas transformações tecnológicas, econômico-sociais, políticas e culturais, que têm se mostrado bastante perturbadoras à sociedade, fato que vem exigindo um ajuste – melhor dizendo, um alargamento

---

4   *Direito penal supra-individual: interesses difusos*, p. 67.

5   *Idem, Direito penal econômico como direito penal de perigo*, p. 62-63. Em relação a isso, Jorge de Figueiredo Dias afirma que "em causa está a própria subsistência da vida no planeta e é preciso, se quisermos oferecer uma chance razoável às gerações vindouras, que a humanidade se torne em sujeito comum da responsabilidade pela vida". Verificar: O papel do direito penal na protecção das gerações futuras, p. 22.

– do campo de atuação do direito penal enquanto instância formal de controle social.[6]

Para Claus Roxin, os novos desenvolvimentos – com suas crescentes ameaças ambientais, suas modernas tecnologias e novéis meios de comunicação – trazem embutidos novos dispositivos jurídicos, fazendo com que o direito penal tenha de adaptar-se constantemente aos novos tipos de abusos que proporcionam, de modo que "algo similar vale para o número rapidamente crescente das regulamentações de direito penal econômico".[7]

Transcendendo a proteção aos bens jurídicos tradicionais, novos valores sociais passam a figurar como objeto de proteção do direito penal, submetido aos imperativos da ação política e econômica do Estado, sempre perseguindo a realização da sua missão constitucional e privilegiando a consecução dos interesses coletivos.

Jesús-María Silva Sánchez, não obstante chegue a conclusões diversas das que serão apresentadas no presente estudo a respeito do papel da política criminal e do direito penal no Estado Democrático (e Social) de Direito, estabelece, como ponto de partida do seu pensamento, a ideia de que o direito penal, além dos seus fins instrumentais de controle social, tem também a finalidade própria de

---

6 *Criminologia: o homem delinquente e a sociedade criminógena*, p. 434-441. Num outro texto, Jorge de Figueiredo Dias afirma que o momento histórico que o planeta atravessa tem o significado de verdadeira *"ruptura epocal"*. Refere como os *novos e grandes riscos* enfrentados pela humanidade: o risco atômico, a diminuição da cadama de ozônio, o aquecimento global, a destruição dos ecossistemas, a engenharia e a manipulação genéticas, a produção maciça de produtos perigosos ou defeituosos, tráfico em escala mundial de armas, drogas, órgãos e mesmo de seres humanos, o terrorismo e os genocídios. Verificar: O papel do direito penal na protecção das gerações futuras, p. 21-22.

7 *Estudos de direito penal*, p. 15-16.

realização de determinados valores, cujo conteúdo lhe é dado pela política criminal.[8]

Klaus Tiedemann também aponta que o direito penal econômico, seja na forma de contenção dos abusos do poder econômico, seja na forma de proteção da regularidade da intervenção estatal na ordem econômica, sobretudo em épocas de crise, vem sendo utilizado "como meio auxiliar para imposição de decisões político-econômicas do Estado", ainda que critique a crença generalizada ao caráter da prevenção geral creditado a esse instrumento.[9]

Afirma Eduardo Correia que, "na medida em que exigem do Estado a realização de certos interesses sociais, não podem os indivíduos virar-lhe as costas, negando-lhe a colaboração ou não aceitando as eventuais limitações à sua liberdade, para tal, necessárias".[10] Há, como se vê, a necessidade de deslocar o eixo de interesse do direito penal para a proteção dos direitos coletivos, supraindividuais ou sociais, excedendo os angustos limites do seu núcleo duro, de conteúdo clássico.

As causas particulares da existência dos delitos econômicos dependem, em parte, dos respectivos sistemas econômicos em que tais condutas estão inseridas, na medida em que cada sociedade tem um tipo de criminalidade imanente a seu próprio sistema, dependente do seu nível de planificação, de regulação, de estatização ou de privatização.[11]

---

8 Política criminal en la dogmática: algunas cuestiones sobre su contenido y limites. In: SILVA SANCHES, Jesús-María (org.). *Política criminal y nuevo derecho penal (Libro homenaje a Claus Roxin)*, p. 17-29.

9 *El concepto de delito económico y de derecho penal económico*. In: *Nuevo pensamiento penal – Revista de derecho y ciências penales*. Buenos Aires: Ediciones Depalma, ano 4, nºs. 5 a 8, 1975, p. 461. Tradução livre do autor.

10 Direito penal e direito de mera ordenação social. *Direito penal económico e europeu: textos doutrinários*. Vol. I. Coimbra: Coimbra Editora, 1998, p. 17.

11 TIEDEMANN, Klaus. La criminalidad económica como objeto de investigación, p. 172-177.

Retomando o pensamento de Eduardo Correia, tem-se que, "tal como a historicidade é inseparável da existência do homem e dos sentidos que lhe cumprem, também o núcleo do ilícito criminal se transforma no tempo, na medida em que é influenciado por sua dimensão histórica".[12]

Surgem, assim, dentro do contexto histórico contemporâneo, "as grandes manchas de neocriminalização da chamada *White-collar criminality* e que abrange ilícitos em áreas como a saúde, a segurança social, a economia, etc".[13]

Arremata Claus Roxin afirmando que, dentro da Estrutura de um Estado Social de Direito, "não se vislumbra como, sem um direito penal estatal, se poderá reagir de modo eficiente a delitos contra a coletividade (contravenções ambientais ou tributárias e demais fatos puníveis econômicos)".[14]

Assim, dentro dessa realidade da sociedade contemporânea, o direito penal não ficou infenso à crise atravessada por outros ramos do direito, a qual consiste, primordialmente, na existência de uma tradição e de um arcabouço legislativo voltados para a solução de conflitos interindividuais, enquanto os grandes desafios da sociedade atual giram em torno de conflitos supraindividuais, o que ganha ainda mais relevo quando se pensa sobre a política criminal aplicável à criminalidade econômica.

A seguir, serão apresentadas três das principais propostas político-criminais para enfrentamento desse tipo de criminalidade supraindividual mais discutidas atualmente, quais sejam: o direito de intervenção, proposto por Winfried Hassemer; o direito penal de duas velocidades, defendido por Jesús-María Silva Sanchez; e a

---

12 Direito penal e direito de mera ordenação social, p. 10.

13 DIAS, Jorge de Figueiredo; ANDRADE, Manuel da Costa. *Criminologia: o homem delinquente e a sociedade criminógena*, p. 437.

14 *Estudos de direito penal*, 2006, p. 5.

responsabilização penal das pessoas jurídicas, proposta que vem sendo adotada agora por uma gama de autores.

Depois da apresentação de cada uma das propostas, serão elas submetidas à análise crítica elaborada com fundamento nos valores dirigentes da Constituição de 1988, bem como nos conhecimentos criminológicos a respeito da criminalidade econômica colacionados no presente estudo.

5.2. Winfried Hassemer e o direito de intervenção[15]

Segundo Winfried Hassemer, a modernização do direito penal, que se acha em curso principalmente nas áreas referentes ao meio ambiente, à economia, às drogas e ao crime organizado, apresenta grandes déficits de implementação, tendo ele se tornado anacrônico e contraproducente, apresentando problemas e custos específicos. Em razão disso, o aludido autor posiciona-se contrariamente a essa tendência de modernização, que, em última análise, busca ampliar o direito penal com a finalidade de operacionalizá-lo como instrumento da política de segurança pública.

Para atingir essa finalidade, desmantelam-se os limites clássicos do direito penal, modelo que havia obtido maior humanização e controle aprimorado da tutela penal por meio da crítica da práxis penal fundamentada em suas próprias consequências, preocupação com a verificação posterior dos fins da pena e concentração na proteção de bens jurídicos palpáveis.

---

15 A estrutura do pensamento de Winfried Hassemer ora descrito encontra-se, principalmente, em: *Direito penal: fundamentos, estrutura, política*. Org. e rev. Carlos Eduardo de Oliveira Vasconcelos. Tradução de Adriana Beckman Meirelles *et al*. Porto Alegre: Sergio Antonio Fabris Ed., 2008, p. 243-262 e 287-314.

É relevante, na estruturação do pensamento de Winfried Hassemer, a defesa intransigente desse modelo idealizado que ele chama de direito penal clássico, surgido da morte do direito natural e inserido na tradição filosófica e política do Iluminismo – portanto, baseada na ideia de contrato social –, que não se esgota num tempo cronológico determinado ou num conjunto definido de objetos. Tal modelo apresentaria um núcleo ideal, ao qual são integradas as tradições do Estado de Direito (a determinação e a subsidiariedade do direito penal, bem como a exigência de dano para configuração das condutas delituosas), e, na medida em que é baseado na concepção de contrato social, baseia-se na renúncia recíproca e bem delimitada, pelos indivíduos que vivem em sociedade, de parcela de sua liberdade natural, em troca da garantia de liberdade para todos.

Para que essa idealização possa funcionar, pressupõe-se a existência do Estado, instituição derivada do direito, detentora de autoridade para dar sustentação à convivência dos partícipes do contrato social, garantindo os limites contratuais da renúncia à liberdade de todos em toda parte. Nesse contexto, o direito penal atua como estabilizador das expectativas do contrato social, regrando as consequências da violação da liberdade uns dos outros.

Fundamentado nessa construção do papel social desempenhado por aquilo que chama de direito penal clássico, Winfried Hassemer enumera os seus princípios e fundamentos: I) somente se constitui crime a violação das liberdades asseguradas pelo contrato social, de maneira que não existe delito sem a lesão palpável a um bem jurídico, que exerce papel negativo para uma criminalização legítima; II) os limites da renúncia recíproca à liberdade pactuada no contrato social devem ser absolutamente precisos e densos, devendo ser evitados ajustes posteriores, motivo pelo qual o princípio da certeza ou da determinação da norma penal tem grande importância; III) trata-se o Estado de uma instituição derivada do direito dos cidadãos, pelo que seu poder fundamenta-se por esse direito, o que dá origem a toda gama de garantias penais.

Assim, em sua concepção clássica, o direito penal, embora se constitua num meio inegavelmente violento, é também irrenunciável para a vida em comum dos indivíduos, devendo ser mantido sob controle e sem vida própria. Não é o direito penal um faz-tudo, mas sim o último recurso (*ultima ratio*) para a solução de problemas sociais.

Por seu turno, na visão de Winfried Hassemer, o movimento de modernização do direito penal, baseado fundamentalmente no empirismo metodológico, caracteriza-se, também, pela preocupação com a proteção de bens jurídicos, pela prevalência do caráter preventivo em que se dá esta proteção, bem como por estar voltado para suas próprias consequências.

Dentre as características apontadas, destaca-se a preocupação com a proteção de bens jurídicos, que passou a se dar de maneira subvertida em relação ao que existia em termos de direito penal clássico. Isso porque, dentro do movimento de modernização do direito penal, a proteção de bens jurídicos passou de um critério negativo para um critério positivo de criminalização, isto é, aquilo que representava uma proibição condicionada e crítica ao legislador penal, converteu-se numa espécie de exortação, num mandamento, para incriminar determinadas condutas.

A preocupação com a prevenção, antes meramente acessória e hoje transformada em paradigma, trouxe ao direito penal moderno grandes dificuldades em reconhecer e assegurar o princípio da proporcionalidade entre o delito e sua pena, assim como a igualdade de tratamento entre as diversas condutas tratadas pelo direito penal. Da mesma forma, construir um sistema penal voltado para suas próprias consequências acaba por degradar a proporcionalidade que deve existir na retribuição do injusto.

Inserido naquilo que Winfried Hassemer denomina dialética da modernidade, o direito penal acaba sendo reivindicado como instrumento de pedagogia popular, ou seja, para sensibilizar as pessoas, não se indagando se o seu emprego, em determinadas situações, é adequado ou justo. Basta que se possa convencer a sociedade de que os objetivos por ele traçados necessitam ser alcançados. Afasta-se, dessa forma, de sua atuação como *ultima ratio* do ordenamento jurídico, na medida em que se converte em instrumento de solução de conflitos, livrando-se de suas preocupações democráticas para cumprir suas novas tarefas.

Winfried Hassemer aponta que tais inovações do direito penal têm o seu foco nos crimes em espécie, tanto aqueles previstos no Código Penal, quanto aqueles tipificados em legislação extravagante. Os seus principais campos de interesse são: meio ambiente, economia, processamento de dados, drogas, tributos, comércio exterior.

Para Winfried Hassemer, as áreas de concentração e interesse do direito penal moderno só se relacionam indiretamente com os interesses do cidadão comum, porquanto dizem muito mais respeito às instituições sociais e à organização do Estado. A proteção por si proporcionada recai sobre bens jurídicos universais, que acabam assumindo proporções vagas e genéricas, muito abrangentes, não propiciando distinções entre condutas, mas viabilizando incriminações baseadas em riscos abstratos como forma de facilitar o emprego do sistema punitivo.

A utilização de tais mecanismos na incriminação de condutas acaba por reduzir, a longo prazo, a percepção e visibilidade do injusto, o que se agrava ainda mais na medida em que "as descrições no Direito Penal moderno preferem as incriminações com vítimas indeterminadas ou até sem vítimas".[16]

---

16 HASSEMER, Winfried. *Direito penal: fundamentos, estrutura, política*, p. 254.

A atuação do direito penal moderno, portanto, deixa de preocupar-se com fatos pretéritos e de reagir às lesões mais graves às liberdades dos cidadãos, para se preocupar com a prevenção de ilícitos futuros, funcionando com instrumento da política de segurança pública. Deixa de ocupar um lugar específico no ordenamento jurídico e se aproxima das funções historicamente exercidas pelo direito civil e pelo direito administrativo.[17]

Os principais problemas apontados por Winfried Hassemer sobre a forma assumida pelo direito penal moderno – que passou a abranger áreas sociais que lhe deveriam ser totalmente alheias – são o déficit de implementação por ele enfrentado e o mero simbolismo que sua atuação acaba assumindo.[18] Isso porque, nas suas principais áreas de atuação (o que inclui os crimes econômicos), percebe-se o emperramento das persecuções penais já nas suas primeiras etapas, não há aplicação de penas máximas, existe grande cifra negra,[19] persistem os problemas de seletividade do sistema, isto é, as pessoas "erradas" são apanhadas, enquanto as pessoas "certas" escapam ilesas. Suas consequências, portanto, são desiguais e injus-

---

17 No mesmo sentido, Sergio Moccia afirma que "não se trata, de fato, de reprimir manifestações concretamente danosas ou perigosas, mas de reforçar com a intimidação penal uma disciplina preventiva já estruturada pelo direito privado ou pelo direito administrativo". In: De la tutela de bienes a la tutela de funciones: entre ilusiones postmodernas y reflujos iliberales. Tradução de Ramon Ragués Vallès. In: SILVA SÁNCHEZ, Jesús-María (org.). *Política criminal y nuevo derecho penal (Libro homenaje a Claus Roxin)*, p. 123).

18 Winfried Hassemer afirma textualmente que o direito penal moderno é "simbólico num mau sentido: não serve, como pretende, à proteção de bens jurídicos; ele serve apenas àqueles que com ele fazem política" In: *Direito penal: fundamentos, estrutura, política*, p. 300.

19 Como já se disse anteriormente, por se tratar de criminalidade econômica, alguns autores da chamada criminologia radical preferem utilizar a expressão "*cifra dourada*" para denominar o descompasso numérico entre os ilícitos realmente ocorridos e os seus respectivos registros oficiais. Cifra dourada é espécie daquilo que cifra negra é gênero.

tas, fazendo com que seja visto como paliativo a curto prazo, mas se mostre devastador a longo prazo, em vista da perda de suas reais funções e de sua aptidão funcional.

Principalmente na seara dos crimes econômicos e contra o meio ambiente, criam-se embaraços a uma política criminal eficiente na medida em que se abusa dos crimes de perigo abstrato; reduzem-se os pressupostos da culpabilidade para aplicação da pena; mitiga-se o princípio da determinação das condutas incriminadas; perverte-se o sistema processual penal (por exemplo, por meio da introdução da possibilidade de acordos processuais e do princípio da oportunidade). Enfim, diminuem-se as possibilidades de defesa e, com isso, cria-se grande discrepância entre a real capacidade do sistema penal e as expectativas que são geradas a seu respeito.

A partir do quadro apresentado, Winfried Hassemer conclui que é preciso despojar o direito penal moderno de parte de sua modernidade, isto é, é preciso reduzi-lo a um direito penal nuclear, ao qual pertencem todas as lesões aos clássicos bens jurídicos individuais, assim como a exposição destes bens a um perigo concreto.

Embora o autor em questão reconheça que não é possível, em absoluto, renunciar à tutela de bens jurídicos universais, defende que tais bens sejam definidos com a máxima precisão possível, sendo operacionalizados por meio de bens jurídicos individuais. Afirma, ainda, que muitos dos problemas que passaram a ser tratados pelo direito penal moderno poderiam ser mais bem gerenciados no âmbito do direito das contravenções, do direito civil, do direito administrativo, pelo mercado e pela precaução das próprias vítimas.

Winfried Hassemer propõe, como solução aos problemas apontados, a criação de um direito de intervenção, que se situaria entre o direito penal, o direito das contravenções, o direito civil e o direito administrativo.[20] Contaria essa nova esfera do ordenamento jurídico com garantias e formalidades processuais mitigadas, ao mesmo tempo em que teria cominadas sanções individuais menos intensas. Dando-se ênfase mais na efetividade do que na mera normatividade, o direito de intervenção seria menos censurável do que os contornos assumidos pelo direito penal moderno, pois estaria mais bem preparado para tratar dos problemas específicos da sociedade contemporânea.

Tal proposição tem como fundamento a ideia de que, enquanto forem impostas, dentro de determinado sistema jurídico, penas privativas de liberdade e decretadas prisões preventivas de pessoas naturais, necessitará esse sistema de mecanismos para individualizar a responsabilidade das pessoas envolvidas e de determinar os fatos que lhe são imputados. Tal necessidade colide com o contexto contemporâneo em que se encontram inseridos os crimes econômicos e contra o meio ambiente, nos quais a participação individual nas decisões e condutas criminosas coletivas não é facilmente isolada e aferida.[21]

O direito de intervenção, dessa forma, substituiria o direito penal moderno nas áreas em que o seu emprego somente poderia se dar ao preço da renúncia de suas condições vitais, tais como: nas hipóteses de prevenção de danos em tempo hábil, ao invés de reação posterior à lesão de bens jurídicos; para evitar punição pontual de determinadas pessoas, quando houver domínio coletivo e amplo de situações de risco, permitindo a punição de grupos e coletividades; para prevenir a aplicação da pena de prisão para delitos de dano consumado a partir

---

20 Em concordância, Miguel Reale Júnior afirma: "Proponho na linha de pensamento de HASSEMER a descriminalização de diversos tipos penais contra a ordem econômica e o meio ambiente, formando-se um Direito penal administrativo, a ser regido por uma lei que institua uma parte geral garantidora de alguns princípios, como o da legalidade e o da não retroatividade com a relação à infração administrativa". In: *Instituições de direito penal.* Vol. I. Rio de Janeiro: Forense, 2006, p. 26, nota 45.

21 HASSEMER, Winfried, *Direito penal: fundamentos, estrutura, política,* p. 299.

da intervenção em sua gênese de perigo, influenciando negativamente a ocorrência de atos preparatórios.[22]

Disporia o direito de intervenção de instrumentos de ingerência no mercado e na economia, mediante procedimentos de controle e reparação de danos, inclusive com meios penais para garantir o cumprimento das punições por si impostas (por exemplo, poderá contar com a medida drástica de fechar uma empresa). Por outro lado, contaria com segurança procedimental e com pressupostos de intervenção bem precisos e confiáveis.

De acordo com Winfried Hassemer, não seria o direito de intervenção um direito penal brando, tampouco se constituiria numa injustiça administrativa. Tratar-se-ia, na realidade, de um paradigma novo e qualitativamente diferentemente de solução para uma problemática. Não se poderia permitir que, dentro dessa roupagem moderna, abrigue-se a mesma corrosão de direitos fundamentais que já vem sendo praticado pela aplicação do direito penal.

5.3. Jesús-María Silva Sánchez e o direito penal de duas velocidades[23]

A primeira diferenciação empreendida por Jesús-María Silva Sánchez que ganha importância para a compreensão do modelo político-criminal por ele proposto é a existente entre o que chama de direito penal clássico, cujo exemplo maior é o crime de homicídio, e o assim chamado direito penal da globalização, cujo paradigma "é o

---

22 *Idem, ibidem*, p. 314.

23 Os ideais de Jesús-María Silva Sánchez aqui reproduzidos podem ser mais especificamente verificados em: A *expansão do direito penal: aspectos da política criminal nas sociedades pós-industriais*. Tradução Luiz Otavio de Oliveira Rocha. São Paulo: Revista dos Tribunais, 2002, p. 136-147. (Série As Ciências Criminais no Século XXI, vol. 11.)

delito econômico organizado tanto em sua modalidade empresarial convencional como nas modalidades da chamada macrocriminalidade: terrorismo, narcotráfico ou criminalidade organizada (tráfico de armas, mulheres ou crianças)".[24]

Em vista dessa diferenciação, a construção do modelo político-criminal proposto por mencionado autor parte de uma colidência com o pensamento de Winfried Hassemer,[25] porque, além de considerar irrefreável a expansão da tutela penal ante a nova ordem de interesses da sociedade contemporânea, considera, por outro lado, impossível o retorno de todo direito penal ao seu núcleo liberal clássico, tal qual é idealizado pela Escola de Frankfurt, centrado tão-somente na proteção de bens personalistas e do patrimônio, pela simples razão que este modelo legal jamais existiu na realidade.[26] As tão propaladas garantias formais deste modelo ideal de direito penal nada mais eram do que contrapeso ao extremo rigor das sanções que cominava, entre elas a pena de morte e a de prisão perpétua.

O ponto de partida teórico da proposta político-criminal defendida por Jesús-María Silva Sánchez é o de que diversos sistemas jurídicos de imputação do fato ao sujeito podem conviver dentro de um mesmo sistema persecutório, mais amplo. Para tanto, é preciso que

---

24 *Idem, ibidem*, p. 93.

25 Ainda sobre a proposta do chamado direito de intervenção, Jesús-Maria Silva Sánchez acentua que "(...) tratar-se-ia de um Direito não punitivo orientado à reparação e, em sendo necessário, à ressocialização (incluída a evitação da dessocialização). Mas segue deixando em aberto a questão se não seria melhor ceder espaços, com as correspondentes modificações, ao Direito Privado e ao Direito Administrativo e, vice-versa, se isso não representaria um incremento global do 'controle social'," (*op. cit.* p. 140).

26 Em sentido parecido, Giorgio Marinucci e Emilio Dolcini afirmam que "não se pode esquecer que o Direito penal liberal – evocado pelos nostálgicos de um passado que nunca existiu – não era circunscrito à tutela de bens individuais, mas sempre protegeu uma gama mais ou menos ampla de bens coletivos" In: Derecho penal 'mínimo' y nuevas formas de criminalidad, p. 160.

eventuais flexibilizações nos critérios de imputação e nas garantias concedidas ao acusado fiquem condicionadas à observância das consequências jurídicas e das formas de sanção cominadas, que devem também ser necessariamente flexibilizadas.

Fato que preocupa Jesús-María Silva Sánchez não é a expansão do direito penal por si só, mas sim a expansão do direito penal cominador de pena privativa de liberdade. Não veria esse autor tantos problemas se o âmbito do direito penal que estivesse em expansão fosse generalizador de sanções pecuniárias, privativas de direito ou com proposições de reparação penal (justiça restaurativa). Em tais casos, nos quais ocorre a mitigação da pena privativa de liberdade, não haveria, a seu entender, maiores dificuldades em se mitigarem, também, as garantias processuais e as regras de imputação do fato ao sujeito.

Estas são, portanto, as duas velocidades do direito penal vislumbradas por Jesús-María Silva Sánchez:

> (...) Uma primeira velocidade, representada pelo Direito Penal "da prisão", na qual haver-se-iam de manter rigidamente os princípios político-criminais clássicos, as regras de imputação e os princípios processuais; e uma segunda velocidade, para os casos em que, por não tratar-se já de prisão, senão de penas de privação de direitos ou pecuniárias, aqueles princípios e regras poderiam experimentar uma flexibilização proporcional a menor intensidade da sanção. (...)[27]

Embora Jesús-María Silva Sánchez admite como viável a possibilidade de construir um sistema sancionatório, próximo ao que Winfried Hassemer chama de direito de intervenção, para tratar de ilícitos cuja pena não seja a de prisão, insiste que tal controle social

---

27 *Op. cit.*, p. 148.

deva ser exercido dentro do sistema penal, fato que atribuiria à resposta estatal maior força comunicativa, uma vez que seria mais livre de influxos políticos do que o direito administrativo, assim como seria mais imparcial pela submissão ao poder jurisdicional.

Num primeiro momento, portanto, Jesús-María Silva Sánchez aponta, como foco de sua preocupação, a existência, dentro do mesmo direito penal, de dois grandes blocos de ilícitos, sendo o primeiro aquele composto de delitos sancionados com pena de prisão e o segundo, de delitos vinculados a outros tipos de sanção. Preocupa-o, a priori, o movimento expansivo do direito penal na medida em que a flexibilização de garantias próprias do segundo bloco (estruturas típicas, regras de imputação, princípios processuais não tão rígidos) estaria invadindo a persecução dos delitos do primeiro bloco, ou seja, aqueles que têm cominada pena de prisão. Exige, dessa forma, que, para os crimes aos quais se impõe pena de prisão, mantenham-se rigorosas as garantias do cidadão.

Flexibilizando os critérios de imputação e as garantias político-criminais dos delitos aos quais não se comina pena de prisão, mas mantendo tais ilícitos sob a órbita da justiça penal, garantir-se-ia a "imparcialidade máxima" representada pela atuação do Poder Judiciário, ao mesmo tempo em que seria mantido o significado "penal" dos ilícitos e de suas sanções, sem que ocorressem indesejadas repercussões pessoais inerentes à pena de prisão.

No que tange especificamente aos delitos econômicos, Jesús-María Silva Sánchez, após reafirmar sua preocupação com a preservação do modelo clássico de imputação e de princípios "para o núcleo intangível dos delitos, aos quais se assinala uma pena de prisão", ressalva:

> (...) Em contrapartida, a propósito do Direito Penal econômico, por exemplo, caberia uma flexibilização controlada das regras de imputação (a saber, responsabilidade

penal das pessoas jurídicas, ampliação dos critérios de autoria ou da comissão por omissão, dos requisitos de vencibilidade do erro etc.), como também dos princípios político-criminais (por exemplo, o princípio de legalidade, o mandato de determinação ou o princípio de culpabilidade). (...)[28]

Por óbvio, o autor ora estudado entende que a esse tipo de criminalidade, para o qual as garantias materiais e processuais podem ser mitigadas, não se pode cominar pena de prisão, devendo integrar o bloco dos delitos de segunda velocidade. Como no modelo proposto por Winfried Hassemer, neste ponto em que são bastante semelhantes, Jesús-María Silva Sánchez defende a redução material da intervenção punitiva do direito penal para um certo tipo de criminalidade.[29]

No entanto, pondera Jesús-María Silva Sánchez, caso aos delitos socioeconômicos atribua-se pena de prisão, nada mais há a fazer senão considerá-los como integrantes do núcleo intangível do direito penal, mantendo-se, por consequência, intacta qualquer possibilidade de flexibilização de direitos e garantias em relação a eles.

Assinala, ainda, o aludido autor sua preocupação para o que chama de terceira velocidade que vem assumindo o direito penal, principalmente aquele relativo à chamada criminalidade socioeconômica. Trata-se essa tendência da construção de normas incriminadoras às quais se cominam penas de prisão, ao mesmo tempo em que se opera, em relação às mesmas, "uma ampla relativização de garantias político-criminais, regras de imputação e critérios processuais".[30]

---

28 *Op. cit.*, p. 146.
29 *Idem, ibidem*, p. 140-141. Verificar especificamente a nota 14.
30 *Op. cit.*, p. 149.

A proposta político-criminal de Jesús-María Silva Sánchez, conforme acima sumarizada, tem grande similaridade com aquela defendida por Francesco Carlo Palazzo, denominada de direito penal satelitário.[31]

De acordo com Francesco Carlo Palazzo, não se pode construir um direito penal fora da realidade histórica do momento em que estará inserido. A sociedade em que deve operar o sistema penal – denominada contemporânea – tem um lado obscuro representado pelos riscos científico-tecnológicos e industriais, os quais são indomáveis. Ante essas características sociais, mitigam-se os conceitos tradicionais de culpabilidade e de nexo causal.

Assim, no contexto dessa sociedade contemporânea, é preciso que exista um sistema penal de articulação mais complexa do que o assim chamado direito penal clássico. Para tanto, o direito penal tem de ser concebido como fator de estabilização social mais do que como meio de tutela jurídica, ou seja, trata-se de um componente sistêmico da sociedade, uma espécie de liga social.

O sistema penal, por ele proposto como propício a operar na sociedade contemporânea, deve ser composto por um núcleo central de inspiração clássica, em que serão mantidas, intocadas, as regras de imputação e toda a rede de garantias constitucionais. Coexistindo com esse núcleo, deverão existir subsistemas satelitários, mais flexíveis

---

31 O ideário deste autor, apresentado até o final do presente item, pode ser visto em: *As transformações do direito penal nas sociedades pós-modernas*. Palestra apresentada em 5 de outubro de 2001, no 7° Seminário Internacional do Instituto Brasileiro de Ciências Criminais, realizado entre 2 a 5 de outubro de 2001. Disponível em DVD na biblioteca do Instituto Brasileiro de Ciências Criminais. Luiz Flávio Gomes e Alice Bianchini também tratam das ideias de Francesco Carlo Palazzo expostas nesta mesma palestra, embora tenham chegado a conclusões absolutamente distintas a respeito do que ali foi exposto. Verificar: *O direito penal da era da globalização*. São Paulo: Editora Revista dos Tribunais, 2002, p. 65-68. Série As Ciências Criminais no Século XXI, vol. 10.

em relação à conformação principiológica e constitucional referente ao direito penal clássico.

Para ter a segurança necessária, esse movimento expansivo do sistema penal – que deve abranger, exemplificativamente, as áreas de meio ambiente, finanças, economia, produção e comércio – deverá ser fundamentado num amplo consenso axiológico, que nada mais é do que a uniformização de valores sociais colocados em contato com os influxos da globalização e com o chamado constitucionalismo penal. Sem esse consenso, o direito penal passa a ter sua finalidade em si mesmo e torna-se socialmente desestabilizador.

Seriam exemplos de propostas político-criminais para esses subsistemas satelitários a aceitação de delitos de perigo abstrato, os quais teriam de ser muito bem tipificados; a maior identificação da culpa com a conduta e não com o resultado; e a possibilidade de responsabilização penal da pessoa jurídica (a respeito desse tema, Francesco Carlo Palazzo adverte que a realidade é mais forte do que o dogma).

Isso tudo porque não se pode coonestar com a possibilidade de criação daquilo que denomina direito penal neoliberal disfarçado de clássico, cuja proposta é fazer retrair a tutela penal justamente em que estão os bens mais caros do homem e da humanidade, atacando mais duramente, em contrapartida, os núcleos em que há, na realidade, mais miséria e desolação do que propriamente criminalidade (seara em que, acertadamente, Francesco Carlo Palazzo propugna por uma urgente revisão descriminalizadora).

5.4. Responsabilização penal das pessoas jurídicas

A questão da responsabilização penal das pessoas jurídicas, embora venha alçando cada vez mais aceitação no mundo jurídico, ainda suscita acalorados debates de cunho dogmático a respeito das

POLÍTICA CRIMINAL E CRIMES ECONÔMICOS   195

nuances de sua estruturação, tais como capacidade de agir, culpabilidade, penas aplicáveis, entre outras.

No entanto, embora não se negue valor a tais preocupações, necessárias à construção de um sistema de imputação em consonância com os requisitos do Estado Democrático de Direito, é certo que, como adverte Giorgio Marinucci, o pensamento e a compreensão desse tema não devem ter um ponto de partida dogmático, mas sim partir das necessidades políticas de cada momento histórico do evolver da sociedade humana. No atual estágio de desenvolvimento da sociedade contemporânea, há urgente necessidade política de exercer controle sobre a criminalidade das empresas, pois a atividade econômica globalizada gera problemas e instabilidades também em escala mundial – dimensão análoga à magnitude das relações econômicas desenvolvidas –, expondo a perigo ou mesmo lesionando bens individuais, coletivos e institucionais, ou seja, ocasionando, frequentemente, vitimização massiva da sociedade.[32]

Ainda na primeira metade do século XX, Edwin Sutherland criticava a posição então firmada pela jurisprudência estadunidense, e por ele já considerada vetusta, no sentido de que as corporações não podiam ser responsabilizadas criminalmente por suas práticas antissociais. Isto porque as pessoas jurídicas não são meros artefatos legislativos, mas representam a organização de pessoas em torno de um fim comum. Essa peculiaridade da natureza das empresas – agrupamento de pessoas – dificulta, e muito, a correta locação da responsabilidade criminal entre aqueles que são pessoalmente responsáveis por determinado fato desviante. As corporações e suas subsidiárias, dessa forma, devem ser

---

32 La responsabilidad penal de las personas jurídicas. Un bosquejo histórico-dogmático. Tradução de Fernando Londoño M. In: GARCIA VALDÉS, Carlos et al. (coord.). Estudios penales en homenaje a Enrique Gimbernat. Tomo I. Madri: Edisofer Libros Jurídicos, 2008, p. 1173-1199.

196   LEANDRO SARCEDO

tratadas como uma unidade, sem que se precise locar individualmente a responsabilidade criminal dentro desse todo unitário.[33]

Mais à frente em sua obra, Edwin Sutherland acentua que as ações praticadas pelos homens de negócios são formatadas pela política da companhia, sempre em busca da uniformidade na consecução dos objetivos corporativos. A responsabilidade dissolve-se entre acionistas, direção, executivos e subordinados. Todos perdem suas identidades pessoais na condução dos negócios e a organização move-se como se fosse uma multidão compacta. As pessoas não agiriam sozinhas como agem quando se encontram guiadas pela uniformidade ideológica corporativa. As dificuldades encontradas na individualização de responsabilidades dentro desse quadro revelam-se verdadeiro estratagema para conferir segurança jurídica aos integrantes das corporações empresariais.[34]

No entender de Klaus Tiedemann, não restam dúvidas de que se trata o agrupamento de pessoas em que se constitui uma empresa de um ambiente naturalmente criminógeno, pois cria um ambiente, um clima, que incita e facilita as pessoas físicas a praticarem ilícitos em benefício do grupo. No panorama contemporâneo das relações sociais e econômicas, a maior parte dos ilícitos no campo dos negócios ou socioeconômicos (contra o consumidor e o meio ambiente, por exemplo) é praticada por meio de uma empresa, sendo que o próprio crime organizado serve-se de agrupamentos econômicos para salvaguardar os proventos de sua atividade. Assim, a responsabilidade penal da pessoa jurídica não pode mais ser tratada como exceção, mas sim como regra nos sistemas penais contemporâneos.[35]

---

33 *White collar crime: the uncut version*, p. 60-62.

34 *Idem, ibidem*, p. 235-236.

35 Nuevas tendencais en la responsabilidad penal de personas jurídicas. Versão corrigida do texto original por Manuel A. Abanto Vásquez. In: *Dogmática*

Em conformidade a essa concepção, Sérgio Salomão Shecaira afirma que não se trata a pessoa jurídica de uma ficção, mas sim de um ente social verdadeiro, que surge sob autorização do Estado e que atua na realidade concreta, não sendo possível ao ordenamento jurídico-penal desconhecê-la. Não é possível, portanto, renegar o subjetivismo da pessoa jurídica, ainda que do ponto de vista pragmático, porquanto visível sociologicamente. A vontade coletiva da pessoa jurídica não pode ser mitificada, pois é exercida no plano real, seja por meio de deliberações em reuniões e assembleias, ou mesmo por atos singulares de sua direção ou gerência.[36]

De acordo, ainda, com referido autor, em vista da complexa estrutura funcional assumida pelas pessoas jurídicas, principalmente aquelas de maior porte, com seus órgãos administrativos, sociais e técnicos, resta insuficiente o direito penal tradicional como mecanismo de controle social de condutas ilícitas cometidas em seu benefício. Em regra, pune-se, quando muito, tão-somente o agente direto da transgressão, o qual, muitas vezes, não passa de um empregado de nível médio ou inferior dentro da corporação, que nem sequer tem a ideia do todo do negócio da empresa que representa. Tal punição mostra-se absolutamente ineficiente e insuficiente como meio de dissuasão de práticas criminosas pela pessoa jurídica, na medida em que as pessoas (principalmente aquelas de níveis hierárquicos mais baixos) são facilmente substituíveis na estrutura corporativa e sua punição não tem a força necessária para influir no comportamento coletivo da companhia a que estão vinculadas. Por outro lado, quando se busca a punição dos verdadeiros responsáveis, isto é, daqueles que exercem cargos de comando dentro da corporação, esbarra-se nos anteparos

---

penal del tercer milenio. Libro homenaje a los professores Eugenio Raúl Zaffaroni y Klaus Tiedemann. Lima: Aras Editores, 2009, p. 397-417.

36 *Responsabilidade penal da pessoa jurídica.* 2ª ed. atual. e ampl. São Paulo: Editora Método, 2002, p. 100-103.

representados pelas rígidas regras de imputação do direito penal clássico, bem como na enorme dificuldade de se produzir prova criminal válida quando se trata de ilícitos cometidos no âmbito empresarial.

Parece certo que um organismo social como a empresa deve ter sob seu controle estrito as atividades desenvolvidas por seus empregados, já que se beneficiará exclusivamente das vantagens advindas do cometimento de eventuais atos desviantes. A punição do agente imediato, muitas vezes de nível hierárquico inferior e sem possibilidade de compreensão do todo do negócio corporativo, em nada dissuade a decisão empresarial de empreender determinadas práticas antissociais. É preciso, assim, deixar a empresa numa posição de garante dos atos de seus empregados praticados em seu benefício, porquanto pode e deve agir para evitar o resultado lesivo. Dessa forma, é possível haver responsabilização penal da pessoa jurídica também quando esta não agir para impedir que atos antissociais sejam praticados por seus empregados em seu benefício.[37]

O fator caracterizador das infrações das empresas é o poder oculto que motiva tais ações, resultante do exercício do poder econômico e capaz de dar a tais infrações intensidade muito maior do que as infrações corriqueiras da criminalidade tradicional (ou clássica). A vítima dessas infrações é difusa, trata-se da própria sociedade. Pode-se dizer, assim, que a qualificação jurídica do interesse violado, e não a natureza jurídica do sujeito que praticou a infração, é fator determinante da natureza da resposta e da reprovação estatal. Assim, são razões de política criminal que permitem excepcionar a regra geral da responsabilização penal individual, viabilizando a superação de mecanismos obsoletos ante a necessidade de combater a criminalidade moderna. Justifica-se o enquadramento da questão na esfera criminal, excedendo-se a responsabilização administrativa ou civil, em razão do

---

37 *Idem, ibidem*, p. 112-115.

caráter mais aflitivo da sanção penal, sua reprovação ética mais efetiva, bem como seu reflexo na imagem da pessoa jurídica.[38]

No que se refere ao alcance do conceito de conduta penalmente punível da pessoa jurídica, assiste razão a Miguel Bajo Fernández, para quem a responsabilização penal da pessoa jurídica deve abandonar o conceito de "fato conexo" à conduta de uma pessoa física, que implica admitir responsabilidade por fato alheio, e assumir a feição de "fato próprio", pela qual as condutas incriminadas deverão ser definidas, necessariamente de maneira bastante específica, com base em normas de transparência e de boa governança corporativa. Em contrapartida, propõe a criação de regras de inimputabilidade das pessoas jurídicas, para excepcionar aquelas empresas que ainda não têm condições de enfrentar o arcabouço jurídico-penal (exemplifica a "falta de maturidade, por não alcançar a empresa o tamanho suficiente ou a organização adequada ou os requisitos formais de registro").[39]

---

38 *Op. cit.*, p. 112-118. As penas possivelmente aplicáveis às pessoas jurídicas estão expostas no capítulo 5 da referida obra, páginas 119 a 130, e são sintetizadas à página 195 da seguinte forma: "podem variar de uma simples admoestação ou multa, passando pela perda de bens, intervenção ou injunção judiciária, prestação de serviços à comunidade, divulgação da sentença às expensas da empresa-ré, interdição de direitos (proibição de participar em concorrêncais públicas), ou mesmo fechamento temporário da pessoa jurídica".

39 Modelo para un derecho penal de las personas jurídicas. In: GARCIA VALDÉS, Carlos *et al* (Coodernadores). *Estudios penales en homenaje a Enrique Gimbernat*. Tomo I. Madri: Edisofer Libros Jurídicos, 2008, p. 719-732. Tradução livre do autor. No Brasil, onde somente é permitida a responsalização penal da pessoa jurídica por crimes contra o meio ambiente, tal responsabilidade fica submetida ao conceito de "fato conexo" à conduta da pessoa natural (artigo 3º da Lei nº. 9.605, de 12 de fevereiro de 1998). Isso não só desnatura a finalidade de se instituir este tipo de responsabilidade penal, mas também dificulta, e muito, sua operacionalização na realidade, já que, ao fim, sua aplicação fica dependente das dificuldades dogmáticas de imputação à pessoa física de infrações típicas da sociedade contemporânea.

Jorge de Figueiredo Dias, por seu turno, afirma ser impossível ao direito penal contribuir de qualquer forma com a ordenação da sociedade contemporânea ou mesmo com a contenção dos megarriscos que ameaçam as gerações futuras, enquanto se mantiver intacto o dogma do direito penal clássico consistente na individualização da responsabilidade penal. Faz-se necessário o reconhecimento e a aceitação de um princípio de responsabilização dos entes coletivos. Às pessoas jurídicas deve ser atribuída capacidade de ação, na medida em que são, em última análise, obras do homem e do exercício de sua liberdade. "(...) (M)uitos dos problemas postos pela necessidade de tutela jurídico-penal das gerações futuras podem encontrar aqui adequadas soluções, tornando menos instantes alterações, que agora podem afigurar-se indispensáveis, na dogmática da imputação objetiva, da comprovação do dolo, da negligência e do erro, da autoria e da cumplicidade".[40]

Claus Roxin afirma que o sancionamento das pessoas jurídicas desempenhará "grande papel" no futuro do direito penal, porquanto as formas mais socialmente lesivas da criminalidade – em especial, a ambiental e a econômica – originam-se nas grandes corporações empresariais. Em tais casos, mostra-se frequentemente difícil, ou mesmo impossível, apurar a culpabilidade individualizada dentro da estrutura da empresa, já que as responsabilidades encontram-se distribuídas, assim como as pessoas são substituíveis dentro do organograma corporativo. Dessa forma, sanções que se apliquem a falhas da organização empresarial, independentemente da culpa individualizada de cada um, podem ter intensos efeitos preventivos. Tais sanções penais devem abranger desde consideráveis pagamentos em dinheiro até mesmo o fechamento das empresas.[41]

---

40 "O papel do direito penal na protecção das gerações futuras", p. 29-30.
41 *Estudos de direito penal*, p. 27-28.

Como bem preleciona Klaus Tiedemann, do contraste existente entre as necessidades de política criminal e os angustos limites da dogmática jurídico-penal tradicional (clássica), deve esta última ceder espaço e reformular-se de acordo com os imperativos da primeira, desenvolvendo novas possibilidades de abarcar as atividades desviantes dos agrupamentos corporativos. Tratar-se-ia de um novo edifício dogmático, de uma segunda via do direito penal, coletiva, que se postaria paralelamente à via tradicional, individual. Em suas próprias palavras, "uma modernização do Direito Penal nestes termos guardaria correspondência com o atual fenômeno da coletivização da vida, e servirá para combater alguns excessos da globalização".[42]

5.5. Análise crítica das propostas político-criminais expostas

Assim expostas três das principais propostas político-criminais para os crimes econômicos na sociedade contemporânea, com a finalidade de evidenciar as nuances teóricas e os posicionamentos de doutrinadores que apoiam esta ou aquela proposição, resta,

---

42 Nuevas tendencias en la responsabilidad penal de personas jurídicas. Versão corrigida do texto original por Manuel A. Abanto Vásquez. In: *Dogmática penal del tercer milenio. Libro homenaje a los professores Eugenio Raúl Zaffaroni y Klaus Tiedemann.* Lima: Aras Editores, 2009, p. 409 e 417. Posição contrária é sustentada por Helena Regina Lobo da Costa e Heloisa Estellita, para quem "a constatação de que as novas formas de criminalidade muitas vezes envolvem atividades cometidas por meio de empresas não pode bastar para justificar a responsabilização penal das pessoas jurídicas, pois ela se mostra completamente inadequada para a tutela do bem jurídico ambiental (nota do autor: social ou supraindividual). Tentar encaixar a responsabilidade das empresas no Direito Penal, que não foi modelado para atender às características das ações empresariais, apenas passa uma falsa impressão de combate a esta moderna categoria infracional". Verificar: *Boletim do Instituto Brasileira de Ciências Criminais*, ano 11, nº 133, dezembro 2003, p. 7-9.

como ponto culminante do presente trabalho, submetê-las à crítica cujo ponto de partida axiológico são os mandamentos dirigentes da Constituição de 1988.

Já num primeiro momento, é preciso agrupar as duas primeiras propostas (Winfried Hassemer e Jesús-María Silva Sánchez), porquanto, embora apresentem algumas diferenças pontuais importantes entre si, são substancialmente coincidentes naquilo que propõem em seu cerne,[43] de modo que podem ser submetidas a um discurso crítico único, mas que coloque em relevo as divergências entre os autores. Situação diversa é a proposta de responsabilização penal da pessoa jurídica, que parte de fundamentos teóricos e pragmáticos bastante diferentes das proposições dos autores acima mencionados, motivo pelo qual será analisada criticamente em separado, embora dentro deste mesmo tópico.

Quando se diz que as propostas político-criminais de Winfried Hassemer e Jesús-María Silva Sánchez são substancialmente coincidentes, quer-se referir à concessão, presente no pensamento dos dois autores, à possibilidade de que a criminalidade econômica, entendida como espécie de que é gênero a criminalidade contemporânea (que alguns chamam moderna), venha a receber um tratamento diferenciado e mais brando do que a criminalidade que compõe o chamado núcleo duro do direito penal – ou direito penal clássico, como prefere Winfried Hassemer.

Embora Jesús-María Silva Sánchez critique tal concepção de direito penal clássico, alcunhando-a de idealizada por não ter representação na realidade histórica, é certo que acaba aceitando-a em sua proposição teórica, não aportando críticas de caráter axiológico que

---

43 Também nesse sentido: GRACIA MARTÍN, Luis. *Prolegômenos para a luta pela modernização e expansão do direito penal e para a crítica do discurso de resistência*. Tradução Érica Mendes de Carvalho. Porto Alegre: Sergio Antonio Fabris Editor, 2005, p. 108.

ponham em xeque a simples existência desse chamado núcleo duro do direito penal clássico, nem questionando o porquê de esse conteúdo imutável contemplar apenas as figuras incriminadoras voltadas à seleção, pelo sistema penal, dos mais desfavorecidos socialmente.

Aliás, bastante pertinente é a crítica de Luis Gracia Martín à terminologia direito penal clássico, utilizada por Winfried Hassemer. De acordo com o autor espanhol, a correta terminologia que deveria ser utilizada é direito penal liberal, porquanto este modelo, forjado no período da Ilustração, não passa da "manifestação jurídica da definição da criminalidade através do discurso de uma determinada doutrina política sobre a sociedade – o liberalismo – e sobre a forma e os fins do Estado – o Estado liberal (…)". Trata-se, sem dúvida, de uma realização histórica e utópica dos valores burgueses, em que se protegem primordialmente a propriedade privada e as suas formas de transmissão, determinando, ainda, qual criminalidade deverá ser incluída no sistema jurídico-penal e, principalmente, qual criminalidade resultará excluída desse mesmo sistema.[44]

Assim sendo, excluir das malhas do sistema penal as condutas ilícitas perpetradas contra os interesses supraindividuais e sociais e que resultam em vitimização massiva, mantendo criminalizadas as condutas que compõem o núcleo duro do direito penal clássico (liberal), como propõe Winfried Hassemer, afronta de maneira brutal os fundamentos e objetivos da República Federativa do Brasil. De fato, tal proposta parece vir em sentido contrário à necessidade de submeter a ordem econômica aos ditames da justiça social, ou mesmo de construir uma sociedade livre e justa e dela erradicar a pobreza e a marginalização.

De fato, um sistema penal baseado num modelo de bem jurídico monista-pessoal, ou antroponcêntrico, como o defendido por

---

44 *Idem, ibidem*, p. 38-43 e 115-125.

Winfried Hassemer, não poderá prevalecer sobre a necessidade de proteção dos bens supraindividuais ou sociais. É certo que o caráter supraindividual do bem jurídico não exclui a existência de interesses individuais a ele subjacentes, no entanto jamais deve haver uma relação de subordinação daquele a estes, porquanto os bens jurídicos coletivos – vistos de seu caráter universal, transpessoal e supraindividual – devem existir e ser protegidos livres de quaisquer tergiversações.[45]

É mordaz a crítica de Antonio García-Pablos de Molina ao modelo político-criminal proposto por Winfried Hassemer no sentido de criar um direito de intervenção para disciplinar as infrações contra bens jurídicos supraindividuais ou sociais:

> Entretanto, goste-se ou não se goste, a exclusão do âmbito legítimo de intervenção penal dos interesses coletivos privilegia o mundo dos negócios, das finanças, do crime organizado, da corrupção política e administrativa etc., isto é, acentua ainda mais a tendência endêmica do Direito penal de recrutar sua clientela entre os grupos sociais mais débeis, renunciando, desde o princípio, ao castigo dos grandes, dos poderosos.[46]

Giorgio Marinucci e Emilio Dolcini asseveram que o direito de intervenção defendido por Winfried Hassemer é o lugar ao qual tradicionalmente sempre se quis relegar os "ilícitos das pessoas honoráveis". Seguindo esse modelo, dizem, fatos gravemente danosos seriam bagatelizados. Seus culpados nunca teriam que passar pelo traumático impacto causado pela justiça penal e fariam pagar o preço de seus comportamentos a própria coletividade que já havia sido

---

45 DIAS, Jorge de Figueiredo. "O papel do direito penal na protecção das gerações futuras", p. 26-29.

46 *Derecho penal parte general – fundamentos*, p. 165. Tradução livre do autor.

vitimizada por suas condutas, porquanto os valores correspondentes às sanções pecuniárias impostas à pessoa física do dirigente ou à companhia que se beneficiou de sua conduta certamente seriam repassados aos consumidores por meio de aumento de preços.[47]

Para Bernd Schünemann, o autor do crime econômico (colarinho branco), na maioria das vezes, encontra-se protegido por uma estrutura empresarial próspera e florescente, "(...) de maneira que pode esperar tranquilo por um processo civil, pois os custos para ele na maioria dos casos serão muito mais baixos que o benefício total de sua atividade econômica". A eficácia no direito penal, em tais casos, consiste em apresentar ao autor do fato a ameaça de deparar-se com custos muito superiores aos benefícios proporcionados pelo delito, induzindo uma decisão racional de não cometimento do delito, o que nunca poderia ser obtido pelo direito civil ou administrativo, em vista de seu baixo poder sancionatório. Isso porque a política criminal não pode desconsiderar que o homem contemporâneo não mais se rege pela religião nem por imperativos categóricos. Trata-se de um ser egoísta e racional, quase um puro hedonista, submetido a uma cultura vazia de autorrealização individual, forjada pela ótica capitalista e consumista.[48]

Na mesma linha, a crítica de Jorge de Figueiredo Dias vem no sentido de que o poder conformador das condutas humanas do direito civil e do direito administrativo é bem menor do que o desempenhado pelo direito penal, havendo, consequentemente, menor força estabilizadora das expectativas comunitárias na validade das normas violadas e, portanto, menor força preventiva naqueles ramos do

---

47 *Derecho penal 'mínimo' y nuevas formas de criminalidad*, p. 162.

48 SCHÜNENANN, Bernd. Del derecho penal de la clase baja al derecho penal de la clase alta. ¿Un cambio de paradigma como exigencia moral?. Tradução Lourdes Baza. *Temas actuales y permanentes del derecho penal después del milenio*. Madri: Tecnos, 2002, p. 64-66.

direito. Em relação à repressão das violações normativas ocorridas, as intervenções jurídico-civil ou jurídico-administrativa mostram-se, na maior parte das vezes, desajustadas ou inúteis, refletindo-se negativamente sobre a força preventiva da norma. Não se pode, dessa forma, negar a legitimação do direito penal na proteção dos bens jurídicos supraindividuais, que muitas vezes se ligam à própria perpetuação da espécie humana sobre o planeta. É preciso, no entanto, que se dê à intervenção penal a modéstia e a extensão que merece, na medida em que o seu contributo é tão-somente auxiliar na regulação das atividades que envolvam grandes riscos, visando a mantê-las dentro de limites suportáveis, protegendo os bens jurídicos coletivos caros a toda sociedade, por meio da incriminação das ofensas inadmissíveis a estes valores. Isso – é preciso que fique claro – não confere ao direito penal o superpoder de solucionar os problemas da humanidade sobre a Terra nem de oferecer garantias absolutas.[49]

A fim de concluir a crítica ao modelo político-criminal proposto por Winfried Hassemer para abordagem da criminalidade econômica na sociedade contemporânea, acrescentem-se alguns questionamentos que parecem não respondidos por referido autor, mas que são de vital importância para o objetivo do presente trabalho, que é dar uma leitura constitucional brasileira à referida proposição político-criminal. Assim, é conveniente formular algumas questões, como as que seguem: Quem seriam os beneficiados pela conformação nada expansiva do núcleo dito ideal do direito penal clássico, na concepção de Winfried Hassemer? E os prejudicados? Quando se diz que é preciso garantir a "aptidão funcional" do direito penal clássico, quais classes sociais suportarão suas consequências? Nunca houve déficit de implementação no que se refere ao núcleo duro do direito penal clássico? Na medida em que a implementação de melhorias nas

---

49   *O papel do direito penal na protecção das gerações futuras*, p. 23-26.

condições sociais depende de uma política social bem executada, ao se protegerem os bens supraindividuais ou sociais, os indivíduos estão sendo protegidos apenas indiretamente ou diretamente?

As respostas para essas perguntas parecem convergir todas a um só ponto: a proposta político-criminal de Winfried Hassemer é injustificável sob a ótica dirigente da Constituição de 1988, pois sua adoção significaria aprofundar as desigualdades sociais já tão latentes no Brasil, por meio da seletividade do direito penal direcionada apenas para as classes socialmente mais desfavorecidas. Significaria abrir mão do papel da política criminal como auxiliar da política social no que concerne à regulamentação da atividade econômica globalizada e à regulação dos conflitos entre excluídos e incluídos na sociedade de consumo contemporânea. Isso tudo numa época em que a liberdade absoluta e desregulamentação da atividade econômica, consubstanciadas na cantilena da autorregulação dos mercados, já demonstraram as consequências deletérias que podem trazer à sociedade mundial quando o assunto são fraudes corporativas de proporções gigantescas.

Com relação à proposta político-criminal defendida por Jesús-María Silva Sánchez, não obstante coincida substancialmente ao ideário de Winfried Hassemer, tem ela o mérito de propor a inclusão das infrações contra bens e interesses supraindividuais e sociais dentro do sistema penal, ainda que de forma branda, preservando, ao menos, "o significado simbólico-comunicativo que tem a intervenção dos tribunais penais".[50]

Mas, ao propugnar pela inclusão dos crimes econômicos entre aqueles que devem ser punidos dentro do modelo da segunda velocidade do direito penal, preservando-se a primeira velocidade, isto

---

50 A expansão do direito penal: aspectos da política criminal nas sociedades pós--industriais, p. 145.

é, as penas privativas de liberdade, para a criminalidade tradicional ou de massa, mantendo intocados os ideais burgueses que formam o núcleo do direito penal clássico, a proposta político-criminal de Jesús-María Silva Sánchez afronta os objetivos previstos na cláusula transformadora prevista no artigo 3º da Constituição de 1988, na medida em que, ao tomar esses contornos, o sistema penal continuaria a aprisionar os mais desvalidos, mantendo fisicamente intocados os mais poderosos. Na realidade, com a adoção desse modelo, será incrementada a dupla velocidade da desigualdade social: os que estão no cimo da pirâmide social terão caminho livre para sempre subirem mais, pois seus ganhos advindos de atos ilícitos não serão obstados a contento, enquanto os que já estão na base da pirâmide permanecerão sujeitos aos mecanismos de seleção e estigmatização do sistema punitivo penal, perpetuadores da situação de carência material e de marginalização social.

Giorgio Marinucci e Emilio Dolcini afirmam que, no que se refere aos delitos econômicos, a proposta consistente em dizer não ao cárcere e sim às penas restritivas de direitos provavelmente provocaria uma vibrante salva de palmas numa assembleia de dirigentes corporativos, os quais certamente ficariam felizes de evitar o risco de serem encarcerados, enquanto sabem que poderão contar com o apoio da empresa que se beneficiou de suas condutas desviadas. Assim, para aludidos autores, a pena privativa de liberdade para os crimes econômicos não parece desprovida de eficácia dissuasiva, mas, ao contrário, parece desempenhar importante papel no controle social deste tipo de criminalidade.[51]

A crítica de Sérgio Salomão Shecaira aos modelos político-criminais que propõem tratamento leniente à criminalidade econômica,

---

51 *Op. cit.*, p. 162.

POLÍTICA CRIMINAL E CRIMES ECONÔMICOS · 209

mantendo-se rijo o tratamento da chamada criminalidade de massa, é severa:

> (...) Minha precípua preocupação é a de saber se os critérios que levaram à formação dessa distinção não acentuariam as distâncias criadas pelo fenômeno da Globalização entre os cidadãos. Será que não estamos criando um direito que regulamente as relações humanas dos desvalidos, estrangeiros, pobres, extracomunitários, excluídos para mandá-los à prisão, enquanto preservamos os autores de delitos econômicos, que atingem bens jurídicos difusos dessa reação extrema que é o encarceramento?[52]

Continuando seu raciocínio, Sérgio Salomão Shecaira culmina sua crítica indagando: "Sob o paradigma da igualdade, como devem ser analisadas tais propostas?"

Ademais, há, ainda, que se objetar à proposta de Jesús-María Silva Sánchez que a ordem constitucional brasileira define, em seu artigo 1º, o País como um Estado Democrático de Direito, que tem como fundamento a dignidade da pessoa humana, o que torna as garantias constitucionais intangíveis quando se trata de responsabilização penal pessoal, ainda que com penas abrandadas.

Antonio García-Pablos de Molina afirma textualmente não compartilhar com o pensamento de Jesús-María Silva Sánchez no que tange à proposta político-criminal de criação de um direito penal de duas velocidades, porquanto entende que "as garantias do cidadão frente a qualquer manifestação do *ius puniendi* (...) são irrenunciáveis, inegociáveis, sem que, em meu modo de ver, possam ou devam

---

52 Globalização e Direito Penal. In: BITTAR, Walter Barbosa (coord.). *A criminologia no Século XXI*, p. 221.

arbitrar-se fórmulas que as flexibilizem em nome de um artificioso Direito Penal de duas velocidades".[53]

Tendo como base os fundamentos teóricos aportados no decorrer do presente estudo, no que se referem à organização da atividade econômica globalizada na sociedade contemporânea, as definições do que vêm a ser crimes econômicos do ponto de vista jurídico e criminológico, a necessidade premente de tutelar bens supraindividuais e sociais como forma de proteger os objetivos do Estado Democrático de Direito, o papel da política criminal como auxiliar da política social na proteção dos meios pelos quais esta última atingirá os seus objetivos, pode-se afirmar que grande parte da dificuldade que a política criminal contemporânea vem enfrentando para dar respostas plausíveis ao atual estágio da criminalidade econômica, sempre esbarrando nas grandes oposições que lhe são feitas pela dogmática jurídico-penal, decorre de que continuam os cientistas político-criminais a focar a ação humana natural como centro de suas atenções, quando, na realidade contemporânea, o controle social sobre os desvios econômicos deve ter como preocupação principal a ações empresariais.

As ações de relevo contra os bens jurídicos supraindividuais e sociais, que causam os maiores impactos negativos na consecução dos objetivos constitucionais pela política social, muito raramente são cometidos por pessoas naturais agindo como tal, mas, sim, são

---

53 *Derecho penal parte general – fundamentos*, p. 182. Tradução livre do autor. Nas páginas 180-181 da mesma obra, mencionado autor também afirma que o fenômeno das "duas velocidades" não pode sequer ser considerado um símbolo de nosso tempo, pois se trata de um processo iniciado no século XIX, que se consolidou em meados do século XX em ordenamentos jurídicos de países como França, Itália, Alemanha e Portugal. Trata como paradigma o sistema italiano, cujo Código Penal descreve umas quinhentas condutas, enquanto a legislação penal especial contempla cerca de cinco mil, sendo a maior parte (90%) de infrações econômicas tratadas como contravenções, numa evidente administrativização do direito penal.

perpetradas por meio das corporações, dada a enorme magnitude que as transações empresariais adquiriram na sociedade contemporânea.

Quando se fala em responsabilidade penal da pessoa jurídica, não se fala em cárcere, é óbvio. Assim, não há justificativa para que as preocupações da dogmática jurídico-penal prevaleçam sobre a premência da realidade. Não se pode pensar em responsabilidade penal da pessoa jurídica sob os imperativos do direito penal clássico e liberal. Trata-se de uma outra via de ação da política criminal, que não fica sob a égide da inescapável preocupação com a dignidade da pessoa humana, permitindo mitigações nas regras de imputação e nas garantias processuais sem maiores questionamentos. O caráter penal do controle social deve ser mantido em razão do poder comunicativo deste tipo de intervenção social, muito mais forte em seu poder dissuasório.

O Brasil é um País que se autodefine como Estado Democrático de Direito, que tem, entre seus fundamentos, a cidadania e a dignidade da pessoa humana. Além disso, a Constituição de 1988 define como objetivos fundamentais da República brasileira alcançar o desenvolvimento nacional, construir uma sociedade livre, justa e solidária, erradicar a pobreza e a marginalização, bem como reduzir as desigualdades sociais. Tudo isto com a finalidade de submeter a ordem econômica aos ditames da justiça social.

Assim, não se coadunam com o sistema constitucional brasileiro propostas político-criminais pelas quais não sejam rediscutidos os fundamentos da criminalização e dos mecanismos descriminalizadores das condutas desviadas típicas das classes socialmente desvalidas, ou que, de outro lado, aceitem manter as atividades típicas das classes socialmente dominantes fora do jugo da esfera penal ou mesmo dentro da esfera penal, mas de maneira abrandada, pelo simples motivos que tais propostas, além de fomentadoras da desigualdade social e do esquema reprodutor da pobreza, em nada contribuem para a submissão da ordem econômica aos ditames da justiça social.

Ainda que a Constituição de 1988 tenha sido específica somente em relação à responsabilização penal das pessoas jurídicas nos casos de crimes ambientais (artigo 225, § 3º), tendo sido menos clara em relação aos crimes contra a ordem econômica e financeira e contra a economia popular (artigo 173, § 5º),[54] é certo que a ampliação do controle social formal por meio da criação de um sistema penal para responsabilização da pessoa jurídica parece atender aos objetivos constitucionais, pois viabilizará a proteção dos bens jurídicos supraindividuais e sociais, mantendo o poder comunicativo das instâncias penais de controle e auxiliando, sem dúvida, a política social com a proteção dos meios necessários à consecução dos objetivos dirigentes traçados pela Constituição de 1988.

---

54 A favor da responsabilização nesses casos: SHECAIRA, Sérgio Salomão. *Responsabilidade penal da pessoa jurídica*, p. 131-144. Com ressalvas: SILVA, José Afonso da. *Comentário contextual à Constituição*, p. 720.

Conclusões

1) Os trabalhos constituintes que resultaram na promulgação da Constituição de 1988 foram marcados por duas grandes demandas da sociedade brasileira naquele momento histórico, em que se findava o ciclo do Regime Militar instaurado no Brasil em 1964: de um lado, o clamor por um modelo econômico que permitisse ao país crescer e, mais que isso, distribuir mais igualitariamente o produto desse crescimento; de outro, a conclamação pela reinstalação de um Estado de Direito, no qual o cidadão tivesse direitos e garantias para opor aos abusos político-institucionais praticados pelo Estado.

2) Trata-se a Constituição de 1988 de uma Constituição dirigente, isto é, tem ela a finalidade de transformar a realidade social do país, norteando as ações do Estado e criando imposições legiferantes. Por si só, não pode a Constituição solucionar todos os males sociais, dependendo, para concretizar seus objetivos, da ação política, que deve necessariamente se pautar pelos fundamentos axiológicos e ideológicos do texto constitucional.

3) Constitucionalmente, a República Federativa do Brasil autodefine-se como Estado Democrático de Direito (artigo 1°), que tem como dois de seus fundamentos a dignidade da pessoa humana e a cidadania. A cláusula transformadora da Constituição dirigente de 1988 encontra-se em seu artigo 3°, que estabelece como objetivos

fundamentais da República brasileira o desenvolvimento nacional; a construção de uma sociedade livre, justa e solidária; a erradicação da pobreza e da marginalização e a redução das desigualdades sociais. Tais preceitos harmonizam-se com o imperativo de submeter a ordem econômica aos ditames da justiça social, conforme determina o artigo 170 da Constituição.

4) A sociedade contemporânea é primordialmente uma sociedade de consumo. Embora desfrute de grande desenvolvimento tecnológico, nem todos têm o direito de tomar parte nessa realidade. Há crescente abismo na desigualdade entre os padrões de vida dos incluídos e dos excluídos na sociedade de consumo. Mantém-se, dessa forma, sempre acesa a discussão em torno do papel do Estado como mediador e interventor nessa realidade social.

5) A atividade econômica globalizada, típica da sociedade contemporânea, aprofunda cada vez mais as desigualdades sociais, na medida em que fomenta concentração de riquezas sem precedentes históricos. Sua principal demanda é a completa desregulamentação e consequente liberdade ao fluxo do capital, em detrimento dos direitos dos trabalhadores e da própria organização do Estado-nacional. Os riscos por ela produzidos, considerados efeitos colaterais do progresso científico e industrial, muitas vezes não previstos ou nem sequer passíveis de previsão, também atingem diferenciadamente os estratos sociais, afligindo de forma mais aguda, como é óbvio, as classes mais baixas.

6) Dentro de uma visão conglobante e totalizadora do fenômeno criminal, os estudos sobre a criminalidade econômica devem contemplar não só sua definição dogmática, do que sobressai a preocupação com natureza do bem juridicamente tutelado, mas também sua conceituação criminológica, ou seja, a descrição fenomenológica com que esse tipo de criminalidade se apresenta no mundo real.

POLÍTICA CRIMINAL E CRIMES ECONÔMICOS 215

7) Na sociedade contemporânea, os fatos desviantes de caráter econômico são praticados, em regra, por meio ou em nome de pessoas jurídicas, já que a empresa tornou-se o principal protagonista da atividade econômica globalizada, não obstante a responsabilização penal de natureza pessoal ainda permaneça o padrão dos sistemas de imputação baseados na *civil law*. Essa criminalidade tem como principal característica atingir uma vitimização massiva, afetando interesses supraindividuais e sociais, daí os contornos assumidos pelo bem jurídico deste tipo de criminalização.

8) A política social – cuja ação é determinante para a concretização dos objetivos estabelecidos pela Constituição dirigente – tem como um dos ramos de sua frente de atuação a política criminal, a qual tem como missão traçar estratégias para ação do poder público no sentido de obter o controle social, inclusive estabelecendo os limites e os âmbitos de atuação do direito penal. Como parte integrante da política social, a política criminal deve perseguir, para atingir seus objetivos, a concretização dos valores e da ideologia estabelecidos pela Constituição dirigente de 1988.

9) Inserida no atual quadro constitucional brasileiro, no que se refere aos crimes econômicos, a política criminal deve pautar sua ação pela necessidade de submeter a ordem econômica aos ditames da justiça social, auxiliando na busca do desenvolvimento nacional, da construção de uma sociedade livre, justa e solidária, da erradicação da pobreza e da marginalização, da redução das desigualdades sociais. Tudo isso sempre respeitando os limites que lhe impõe a estrutura de um Estado Democrático de Direito, que tem como fundamentos a dignidade da pessoa humana e os valores da cidadania.

10) Somente tendo em consideração os princípios reitores estabelecidos pelo conteúdo dirigente da Constituição de 1988 e a realidade socioeconômica contemporânea, é que se pode definir o papel da

política criminal na conformação do direito penal econômico, fundamentado na primacial necessidade de defesa dos interesses supraindividuais ou sociais ante os interesses individuais.

11) Não obstante esse postulado axiológico de base constitucional, duas das principais propostas político-criminais contemporâneas para enfrentamento da criminalidade econômica defendem a manutenção do chamado núcleo duro do direito penal clássico, de caráter liberal, voltado para o controle social da criminalidade de massa, atentatória contra bens jurídicos individuais; ao mesmo tempo em que propõem tratamento leniente em relação à criminalidade dita moderna, que atenta contra bens jurídicos supraindividuais ou sociais.

12) Winfried Hassemer propõe a criação do chamado direito de intervenção, posicionado entre o direito civil e o direito administrativo, mas definitivamente fora do sistema penal, que seria o responsável por abarcar as infrações contra bens jurídicos supraindividuais ou sociais. Aponta como vantagens as possibilidades de mitigar as regras de imputação e as garantias processuais, tendo em vista que, entre as sanções cominadas, jamais estaria a pena de prisão, reservada pelo direito penal à criminalidade de massa e às ofensas aos bens jurídicos individuais.

13) Jesús-María Silva Sánchez parte da constatação de que o direito penal, na sociedade contemporânea, assumiu duas velocidades. Trata-se a primeira velocidade da parte do direito penal que comina pena de prisão, mas que mantém intactas todas as garantias constitucionais e processuais. No direito penal de segunda velocidade – divisão em que este autor propõe abrigar a criminalidade econômica, de caráter supraindividual ou social –, não há cominação de pena de prisão, motivo pelo qual pode haver abrandamento dos critérios de imputação e das garantias processuais e constitucionais. Ao contrário de Winfried Hassemer, pela proposta de Jesús-María Silva Sánchez, mantêm-se tais infrações, embora de forma mitigada, dentro dos

limites do direito penal, em vista do maior poder comunicativo desta instância de controle formal.

14) Numa vertente paralela, baseada na realidade de que a criminalidade econômica contemporânea dá-se, em regra, por meio ou em nome de empresas e corporações, vem ganhando cada vez mais força a proposta de responsabilizar penalmente as pessoas jurídicas. Com atenção voltada para a realidade, desvia-se o foco da política criminal da pessoa natural para a pessoa jurídica, desviando-se, dessa forma, dos óbices impostos pela dogmática jurídico-penal, que, concebida para atuar em outro momento histórico, não pode mais prevalecer diante do estado de coisas da sociedade contemporânea. Faz, também, desaparecer as preocupações inerentes à garantia da dignidade humana, possibilitando a criação de novas regras de imputação, bem como a mitigação das garantias processuais e constitucionais.

15) À toda prova, não se harmonizam com o sistema constitucional brasileiro propostas político-criminais pelas quais a ações antissociais de cunho econômico sejam tratadas lenientemente pelo sistema penal, ou mesmo deixadas à sua margem, porquanto tais propostas propiciam o aprofundamento das desigualdades social, além de não permitirem à política criminal cumprir sua missão de auxiliar a política social na consecução dos objetivos traçados pela Constituição dirigente (a submissão da ordem econômica aos ditames da justiça social é um deles).

16) Já a proposta político-criminal de ampliar as possibilidades de responsabilização penal da pessoa jurídica parece muito mais consentânea com os objetivos constitucionais, pois lança sobre o cerne da atividade econômica – a empresa – o poder dissuasório da instância formal de controle social, mantendo o poder comunicativo do direito penal, mas sem correr riscos de macular a dignidade da pessoa humana pela mitigação das regras de imputação ou das garantias processuais.

17) No atual momento histórico, em que o planeta assistiu ao seu sistema econômico imergir numa de suas piores crises sistêmicas, em muito devida à absoluta desregulamentação dos mercados, a preocupação ora exposta ganha bastante relevo, já que somente a ação política, fundada na ideologia constitucional, é que poderá dar à ordem econômica os contornos necessários para que se submeta aos ditames da justiça social.

Bibliografia

ALVES, Maria Helena Moreira. *Estado e oposição no Brasil (1964-1984)*. Bauru: Edusc, 2005.

ANITUA, Gabriel Ignácio. *Histórias dos pensamentos criminológicos*. Tradução Sérgio Lamarão. Rio de Janeiro: Revan: Instituto Carioca de Criminologia, 2008. (Coleção Pensamento Criminológico, vol. 15.)

ANIYAR DE CASTRO, Lola. *Criminologia da libertação*. Tradução de Sylvia Moretzsohn. Rio de Janeiro: Revan: Instituto Carioca de Criminologia, 2008. (Coleção Pensamento Criminológico, vol. 10.)

BAJO FERNÁNDEZ, Miguel. "Modelo para un derecho penal de las personas jurídicas". In: GARCIA VALDÉS, Carlos *et al.* (Coordernadores). *Estudios penales en homenaje a Enrique Gimbernat*. Tomo I. Madri: Edisofer Libros Jurídicos, 2008, p. 719-732.

BARATTA, Alessandro. *Criminologia crítica e crítica do direito penal*. Tradução Juarez Cirino dos Santos. 3ª ed. Rio de Janeiro: Revan: Instituto Carioca de Criminologia, 2002. (Coleção Pensamento Criminológico, vol. 1.)

BARREIRAS, Mariana Barros. "Controle social informal x controle social formal". In: SÁ, Alvino Augusto de; SHECAIRA, Sérgio Salomão (orgs.). *Criminologia e os problemas da atualidade*. São Paulo: Atlas, 2008, p. 295-320.

BARROSO, Luís Roberto. "20 anos da Constituição de 1988: a reconstrução democrática do Brasil". *Revista do Advogado*, São Paulo, ano XXVIII, n° 99, setembro de 2008, p. 80-85.

_____. *Curso de direito constitucional contemporâneo: os conceitos fundamentais e a construção do novo modelo*. São Paulo: Saraiva, 2009.

BAUMAN, Zygmunt. *Ética pós-moderna*. Tradução João Rezende Costa. São Paulo: Paulus, 1997.

_____. *O mal-estar da pós-modernidade*. Tradução Mauro Gama, Cláudia Martinelli; revisão técnica Luís Carlos Fridman. Rio de Janeiro: Zahar, 1998.

_____. *Globalização: as consequências humanas*. Tradução Marcus Penchel. Rio de Janeiro: Zahar, 1999.

_____. *Em busca da política*. Tradução Marcus Penchel. Rio de Janeiro: Zahar, 2000.

_____. *Confiança e medo na cidade*. Tradução Miguel Serras Pereira. Lisboa: Relógio D'água Editores, 2005.

_____. *Vidas desperdiçadas*. Tradução Carlos Alberto Medeiros. Rio de Janeiro: Zahar, 2005.

_____. *A sociedade individualizada: vidas contadas e histórias vividas*. Tradução José Gradel. Rio de Janeiro: Zahar, 2008.

_____. *Vida para consumo: a transformação das pessoas em mercadorias*. Tradução Carlos Alberto Medeiros. Rio de Janeiro: Zahar, 2008.

BECK, Ulrich. *La sociedad del riesgo*. Tradução Jorge Navarro, Daniel Jiménez e Maria Rosa Borrás. Barcelona: Paidós Ibérica, 1998.

POLÍTICA CRIMINAL E CRIMES ECONÔMICOS 221

_____. *O que é globalização? Equívocos do globalismo: respostas à globalização*. Tradução André Carone. São Paulo: Paz e Terra, 1999.

BERCOVICI, Gilberto. A problemática da constituição dirigente: algumas considerações sobre o caso brasileiro. *Revista de Informação Legislativa*, Brasília, ano 36, nº 142, abr.-jun. 1999, p. 36-51.

_____. "A Constituição Dirigente e a Crise da Teoria da Constituição". In: SOUZA NETO, Cláudio Pereira; BERCOVICI, Gilberto; MORAES FILHO, José Filomeno; LIMA, Martonio Mont'Alverne B. *Teoria da Constituição, estudos sobre o lugar da política no direito constitucional*. Rio de Janeiro: Editora Lumen Juris, 2003, p. 75-150.

_____. *Constituição econômica e desenvolvimento, uma leitura a partir da Constituição de 1988*. São Paulo: Malheiros, 2005.

_____. "A Constituição Dirigente e a Constitucionalização de Tudo (ou do Nada)". In: SOUZA NETO, Cláudio Pereira; SARMENTO, Daniel (orgs.). *A constitucionalização do direito: fundamentos teóricos e aplicações específicas*. Rio de Janeiro: Editora Lumen Juris, 2007, p. 167-175.

_____. MASSONETTO, Luís Fernando. "A Constituição dirigente invertida: a blindagem da Constituição Financeira e a agonia da Constituição Econômica". In: COUTINHO, Jacinto Nelson de Miranda; MORAIS, José Luis Bolzan de; STRECK, Lenio Luiz. *Estudos constitucionais*. Rio de Janeiro: Renovar, 2007, p. 121-136.

BONAVIDES, Paulo; PAES DE ANDRADE. *História constitucional do Brasil*. 3ª ed. Rio de Janeiro: Paz e Terra, 1991.

_____. *Curso de direito constitucional*. 23ª ed. São Paulo: Malheiros, 2008.

BOTTINI, Pierpaolo Cruz. *Crimes de perigo abstrato e princípio da precaução na sociedade de risco.* São Paulo: Editora Revista dos Tribunais, 2007.

CABETTE, Eduardo Luiz Santos. As estatísticas criminais sob um enfoque criminológico crítico. *Boletim do Instituto Brasileira de Ciências Criminais*, ano 11, nº 124, dezembro 2003, p. 6-7.

CAMARGO, Antonio Luis Chaves. *Sistema de penas, dogmática jurídico penal e política criminal.* São Paulo: Cultural Paulista, 2002.

CANOTILHO, José Joaquim Gomes. *Constituição dirigente e vinculação do legislador.* 2ª ed. Coimbra: Coimbra Editora, 2001.

CARVALHO, Carlos Eduardo. "A intervenção estatal na crise e a crise do neoliberalismo". In: SISTER, Sérgio (org.). *O abc da crise.* São Paulo: Editora Perseu Abramo, 2009, p. 165-176.

CONCEIÇÃO, Jefferson José. O abc da crise. SISTER, Sérgio (org.). *O abc da crise.* São Paulo: Editora Perseu Abramo, 2009, p. 17-54.

COPETTI, André. "Vinculação de receitas e direito penal. Perspectivas de instrumentalização para a concretização dos direitos não-individuais". In: COUTINHO, Jacinto Nelson de Miranda; MORAIS, José Luis Bolzan de; STRECK, Lenio Luiz (orgs.). *Estudos constitucionais.* Rio de Janeiro: Renovar, 2007, p. 25-46.

CORACINI, Celso Eduardo Faria. "Contexto e conceito para o direito penal econômico". *Revista dos Tribunais*, São Paulo: Editora Revista dos Tribunais, ano 93, nº 829, novembro de 2004, p. 429-449.

CORREIA, Eduardo. Direito penal e direito de mera ordenação social. *Direito penal económico e europeu: textos doutrinários.* Vol. I. Coimbra: Coimbra Editora, 1998, p. 03-18.

COSTA, Helena Regina Lobo da; ESTELLITA, Heloisa. "Responsabilidde penal da pessoa jurídica: um caso de aplicação de pena com fundamento no 'princípio do porque sim". *Boletim do Instituto Brasileira de Ciências Criminais*, ano 11, nº 133, dezembro 2003, p. 7-9.

_____. "Contribuição das teorias de prevenção geral positiva limitadoras ao direito penal contemporâneo". In: SILVA, Luciano Nascimento (coord.). *Estudos jurídicos criminais*. Curitiba: Juruá Editora, 2008, p. 123-137.

COURAKIS, Nestor-Constantin. "Introduction à l'étude de la criminalité en col blanc". *Revue de science criminelle er de droit pénal comparé*, Paris: Sirey, nº 1 (nova série), jan./mar. 1974, p. 765-781.

COUTINHO, Jacinto Nelson de Miranda (org.). *Canotilho e a constituição dirigente*. 2ª ed. Rio de Janeiro: Renovar, 2005.

DALLARI, Dalmo de Abreu. *Constituição e constituinte*. 2ª ed. São Paulo: Saraiva, 1984.

_____. *Elementos de teoria geral do Estado*. 28ª ed. São Paulo: Saraiva, 2009.

DELMAS-MARTY, Mireille. "Del derecho penal a la politica criminal". *Revista del Instituto Latinoamericano de las Naciones Unidas para la Prevención del Delito y el Tratamiento del Delincuente*, San José: Inecip, ano 11, nº 26, 2002, p. 71-82.

_____. *Os grandes sistemas de política criminal*. Barueri: Manole, 2004.

DIAS, Jorge de Figueiredo; ANDRADE, Manuel da Costa. *Criminologia: o homem delinquente e a sociedade criminógena*. 2ª reimpressão. Coimbra: Coimbra Editora, 1997.

_____; ANDRADE, Manuel da Costa. "Problemática geral das infracções contra a economia nacional". In: PODVAL, Roberto (org.).

Temas de direito penal econômico. São Paulo: Editora Revista dos Tribunais, 2000, p. 64-98.

_____. *Temas básicos da doutrina penal*. Coimbra: Coimbra Editora, 2001.

_____. "Para uma dogmática do direito penal secundário. Um contributo para a reforma do direito penal econômico e social português". In: D'AVILA, Fabio Roberto; SOUZA, Paulo Vinicius Sporleder de (orgs.). *Direito penal secundário: estudos sobre crimes econômicos, ambientais, informáticos e outras questões*. São Paulo: Editora Revista dos Tribunais; Coimbra: Coimbra Editora, 2006, p. 13-69.

_____. "O papel do direito penal na protecção das gerações futuras". In: SILVA, Luciano Nascimento. *Estudos jurídicos de Coimbra*. Curitiba: Juruá Editora, 2007, p. 21-34.

DÍAZ, Elías. *Estado de derecho y sociedad democrática*. Madri: Grupo Santillana de Ediciones, 2010.

ELBERT, Carlos Alberto. *Novo manual básico de criminologia*. Tradução de Ney Fayet Júnior. Porto Alegre: Livraria do Advogado Editora, 2009.

ESTELLITA, Heloísa. "Tipicidade no direito penal econômico". *Revista dos Tribunais*, São Paulo: Editora Revista dos Tribunais, vol. 725, ano 85, mar./2006, p. 407-423.

FARIA, José Eduardo. "As transformações do direito". *Revista Brasileira de Ciências Criminais*. São Paulo: Revista dos Tribunais, ano 6, n° 22, abr./jun. 1998, p. 231-240.

FAUSTO, Boris. *História do Brasil*. 13ª ed. (1ª ed.: 1994). São Paulo: Edusp, 2008.

FEIJOO SÁNCHEZ, Bernardo. *Cuestiones actuales de derecho penal económico*. Montevideo, Buenos Aires: Editorial B de F, 2009.

FELDENS, Luciano. "A conformação constitucional do direito penal". In. WUNDERLICH, Alexandre (coord.). *Política criminal contemporânea: criminologia, direito penal e direito processual penal: Homenagem do Departamento de Direito Penal e Processual Penal pelos 60 anos da Faculdade de Direito da PUCRS*. Porto Alegre: Livraria do Advogado Editora, 2008.

FERNANDES, Paulo Silva. *Globalização, "sociedade de risco" e o futuro do direito penal: panorâmica de alguns problemas comuns*. Coimbra: Almedina, 2001.

FERREIRA, Aurélio Buarque de Holanda. *Novo dicionário da língua portuguesa*. 2ª ed., revista e aumentada. 34ª impressão.

FERREIRA FILHO, Manoel Gonçalves. *Curso de direito constitucional*. 21ª ed. revista. São Paulo: Saraiva, 1994.

FISCHER, Douglas. *Delinquência econômica e estado social e democrático de direito: uma teoria à luz da constituição*. Porto Alegre: Verbo Jurídico, 2006.

FRANCO, Alberto Silva. "Globalização e criminalidade dos poderosos". *Revista Brasileira de Ciências Criminais*, São Paulo: Revista dos Tribunais, ano 8, nº 31, jul./set. 2000, p. 102-136.

FURTADO, Celso. *A nova dependência: dívida externa e monetarismo*. Rio de Janeiro: Paz e Terra, 1982.

GALBRAITH, John Kenneth. *1929: A grande crise*. Tradução Clara A. Colotto. São Paulo: Larousse do Brasil, 2010.

GARCÍA-PABLOS DE MOLINA, Antonio. *Derecho penal parte general – fundamentos*. Lima: Juristas editores, 2009.

_____. *Tratado de criminologia*. Tomos I e II. 1ª ed. Santa Fé: Rubinzal-Culzoni Editores, 2009.

GIDDENS, Anthony. *As consequências da modernidade*. Tradução Raul Fiker. São Paulo: Editora da Universidade Estadual Paulista, 1991.

GOMES, Luiz Flávio; BIANCHINI, Alice. *O direito penal da era da globalização*. São Paulo: Editora Revista dos Tribunais, 2002. (Série As Ciências Criminais no Século XXI, vol. 10.)

GONÇALVES, Luiz Carlos dos Santos. *Mandados expressos de criminalização e a proteção de direitos fundamentais na Constituição brasileira de 1988*. Apresentação André Ramos Tavares. Belo Horizonte: Fórum, 2007. (Coleção Fórum de Direitos Fundamentais, vol. 1.)

GRACIA MARTÍN, Luis. *Prolegômenos para a luta pela modernização e expansão do direito penal e para a crítica do discurso de resistência*. Tradução Érica Mendes de Carvalho. Porto Alegre: Sergio Antonio Fabris Editor, 2005.

GRAU, Eros Roberto. *A ordem econômica na Constituição de 1988 (interpretação e crítica)*. 12ª ed. São Paulo: Malheiros, 2007.

HARVEY, David. *O neoliberalismo – história e implicações*. Tradução Adail Sobral e Maria Stela Gonçalves. São Paulo: Edições Loyola, 2008.

HASSEMER, Winfried. "Perspectivas de uma moderna política criminal". Resumo elaborado por Cezar Roberto Bitencourt, sem revisão do autor, da conferência realizada no Instituto Brasileiro de Ciências Criminais, em 17 de novembro de 1993. *Revista Brasileira de Ciências Criminais*, São Paulo: Revista dos Tribunais, ano 2, nº 8, out./dez. 1994, p. 41-51.

_____. *Perspectivas del derecho penal futuro*. Tradução Henrique Anarte Borrallo. *Revista Penal*. Barcelona: Praxis, nº 1, 1998, p. 37-41.

_____; MUÑOZ CONDE, Francisco. *Introducción a la criminologia*. Valencia: Tirant Lo Blanch, 2001.

_____. "Características e crises do moderno direito penal". *Revista Síntese de Direito Penal e Processo Penal*, Porto Alegre: Síntese, ano III, nº 18, fev./mar. 2003, p. 144-157.

_____. *Introdução aos fundamentos do Direito Penal*. Tradução de Pablo Rodrigo Alflen da Silva. Porto Alegre: Sergio Antonio Fabris Ed., 2005.

_____. *Direito penal: fundamentos, estrutura, política*. Org. e rev. Carlos Eduardo de Oliveira Vasconcelos. Tradução de Adriana Beckman Meirelles *et al.* Porto Alegre: Sergio Antonio Fabris Ed., 2008.

JACINTHO, Jussara Maira Moreno. *Dignidade humana – princípio constitucional*. Curitiba: Juruá, 2008.

JESUS, Damásio E. de. *Direito penal*. Vol. 1. Parte geral. 18ª ed. São Paulo: Saraiva, 1994

LIZST, Franz von. *La idea del fin en el derecho penal (Programa de la Universidad de Marburgo, 1882)*. Tradução de Carlos Pérez del Valle. Granada: Biblioteca Comares de Ciencia Jurídica, 1995, p. 43-95.

_____. *Tratado de derecho penal*. Tomos I e II. 4ª ed. Madri: Editorial Reus, 1999.

MACHADO, Marta Rodriguez de Assis. *Sociedade do risco e Direito Penal: uma avaliação de novas tendências político-criminais*. São Paulo: IBCCRIM, 2005 (Monografias IBCCRIM; vol. 34.).

MARINUCCI, Giorgio; DOLCINI, Emilio. "Derecho penal 'mínimo' y nuevas formas de criminalidad". Tradução de Raúl Carnevali Rodriguez. *Revista de derecho penal y criminología*, Madri: UNED, 2ª época, nº 9, janeiro de 2002, p. 147-167.

_____. "La responsabilidad penal de las personas jurídicas. Un bosquejo histórico-dogmático". Tradução de Fernando Londoño M. In: GARCIA VALDÉS, Carlos *et al.* (Coodernadores). *Estudios penales*

228 LEANDRO SARCEDO

en homenaje a Enrique Gimbernat. Tomo I. Madri: Edisofer Libros Jurídicos, 2008, p. 1173-1199.

MASSUD, Leonardo. "O crime do colarinho branco numa perspectiva criminológica". *Revista dos Tribunais.* São Paulo: Editora Revista dos Tribunais, vol. 833, 2005, p. 437-457.

MELLO, João Manuel Cardoso de. *O capitalismo tardio.* 11ª ed. São Paulo: Editora Unesp; Campinas, SP: Facamp, 2009.

_____; NOVAIS, Fernando. *Capitalismo tardio e sociabilidade moderna.* 2ª ed. São Paulo: Editora Unesp; Campinas, SP: Facamp, 2009.

MOCCIA, Sergio. "De la tutela de bienes a la tutela de funciones: entre ilusiones postmodernas y reflujos iliberales". Tradução de Ramon Ragués Vallès. In: SILVA SÁNCHEZ, Jesús-María (org.). *Política criminal y nuevo derecho penal (Libro homenaje a Claus Roxin).* Barcelona: José María Bosch Editor, 1997, p. 113-142.

NOVOA MONREAL, Eduardo. Reflexiones para la determinación y delimitación del delito económico. *Anuario de derecho penal y ciencias penales,* Madri, tomo XXXV, fascículo I, jan.-abr. 1982, p. 43-75.

PACHUKANIS, Evgeny Bronislavovich. *Teoria geral do direito e marxismo.* São Paulo: Editora Acadêmica, 1988.

PALAZZO, Francesco C. Direito penal e sociedade tecnológica: princípios em crise e reformas esperadas. Tradução Odone Senguiné e Daniele Puglia Weiss. *Fascículos de Ciências Penais,* Porto Alegre: Sergio Antonio Fabris Editor, ano 6, vol. 6, nº 1, p. 36-46, jan./fev./mar. 1993.

_____. "Princípio de última ratio e hipertrofia del derecho penal". Tradução de Nicolás Garcia Rivas. In: NIETO MARTÍN, Adán. *Homenaje al dr. Marino Barbero Santos – In memorian.* Vol. I. Cuenca: Ediciones Universidad Salamanca, 2001, p. 433-441.

POLÍTICA CRIMINAL E CRIMES ECONÔMICOS   229

_____. *As transformações do direito penal nas sociedades pós-modernas*. Palestra apresentada em 5 de outubro de 2001, no 7º Seminário Internacional do Instituto Brasileiro de Ciências Criminais, realizado entre 2 a 5 de outubro de 2001. Disponível em DVD na biblioteca do Instituto Brasileiro de Ciências Criminais.

PEREIRA, Flavia Goulart. *Crimes de colarinho branco na sociedade pós-industrial: uma perspectiva criminológica*. Dissertação (Mestrado). Faculdade de Direito da Universidade de São Paulo, São Paulo, 2005.

PETTER, Lafayete Josué. *Princípios constitucionais da ordem econômica: o significado e o alcance do art. 170 da Constituição Federal*. 2ª ed. rev., atual. e ampl. São Paulo: Editora Revista dos Tribunais, 2008.

PILATTI, Adriano. *A constituinte de 1987-1988 – progressistas, conservadores, ordem econômica e regras do jogo*. Rio de Janeiro: Editora Lumen Juris, 2008.

PIMENTEL, Manuel Pedro. *Direito penal econômico*. São Paulo: Editora Revista dos Tribunais, 1973.

PRADO, Luiz Regis. *Bem jurídico-penal e constituição*. 3ª ed. rev., atual. e ampl. São Paulo: Editora Revista dos Tribunais, 2003.

_____. *Direito penal econômico*. 2ª ed. rev., atual. e ampl. São Paulo: Editora Revista dos Tribunais, 2007.

REALE JÚNIOR, Miguel. *Instituições de direito penal*. Vol. I. Rio de Janeiro: Forense, 2006.

ROUBINI, Nouriel; MIHM, Stephen. *A economia das crises: Um curso relâmpago sobre o futuro do sistema financeiro internacional*. Rio de Janeiro: Intrínseca, 2010.

ROXIN, Claus. *Problemas fundamentais de direito penal*. 2ª ed. Lisboa: Vega, 1993.

_____. *Política criminal e sistema jurídico-penal*. Tradução de Luís Greco. Rio de Janeiro: Renovar, 2000.

_____. "Sobre a fundamentação político-criminal do sistema jurídico-penal". Tradução de Luís Greco. *Revista Brasileira de Ciências Criminais*, São Paulo: Revista dos Tribunais, ano 9, n° 35, jul./set. 2001, p. 13-27.

_____. "Problemas atuais da política criminal". Tradução para o espanhol de Enrique Díaz Aranda. Tradução para o português de André Luís Callegari. *Revista ibero-americana de ciência penais*, Porto Alegre: Centro de Estudos Ibero-americano de Ciência Penais, ano 2, n° 4, set/dez 2001, p. 11-18.

_____. *Estudos de direito penal*. Tradução de Luís Greco. Rio de Janeiro: Renovar, 2006.

_____. *A proteção de bens jurídicos como função do direito penal*. Organização e tradução de André Luís Callegari e Nereu José Giacomolli. 2ª ed. Porto Alegre: Livraria do Advogado Editora, 2009.

ROYSEN, Joyce. "Histórico da criminalidade econômica". *Revista Brasileira de Ciências Criminais*, São Paulo: Revista dos Tribunais, ano 11, n° 42, jan./mar. 2003, p. 192-213.

SALVADOR NETTO, Alamiro Velludo. *Tipicidade penal e sociedade de risco*. São Paulo: Quartier Latin, 2006.

SANTOS, Boaventura de Sousa (org.). *A globalização e as ciências sociais*. 3ª ed. São Paulo: Cortez Editora, 2005.

_____. *Pela mão de Alice: o social e o político na pós-modernidade*. 12ª ed. São Paulo: Cortez Editora, 2008.

SANTOS, Cláudia Maria Cruz. *O crime de colarinho branco (da origem do conceito e sua relevância criminológica à questão da desigualdade na administração da justiça penal)*. Coimbra: Coimbra Editora, 2001.

SANTOS, Gérson Pereira dos. *Direito penal econômico*. São Paulo: Saraiva, 1981.

SANTOS, Juarez Cirino dos. *A criminologia radical*. Curitiba: ICPC: Lumem Juris, 2006.

SARCEDO, Leandro. "Criminalidade Moderna *versus* Criminalidade de Massa". In: SÁ, Alvino Augusto de; SHECAIRA, Sérgio Salomão (orgs.). *Criminologia e os problemas da atualidade*. São Paulo: Atlas, 2008, p. 162-177.

SCHUNEMANN, Bernd. Cuestiones básicas de dogmática jurídico-penal y de política criminal acerca de la criminalidad de empresa. Tradução Daniela Bruckner e Juan Antonio Lascurain Sánchez. *Anuario de derecho penal y ciencias penales*. Tomo XLI, fascículo II. Madri: Centro de Publicaciones, maio-agosto de 1988, p. 529-558.

_____. "La política criminal y el sistema de derecho penal". Tradução Margarita Martínez de Escamilla. *Anuario de derecho penal y ciencias penales*. Tomo XLIV, fascículo III. Madri: Centro de Publicaciones, setembro-dezembro de 1991, p. 693-713.

_____. *Consideraciones crítica sobre la situación espiritual de la ciencia jurídico-penal alemana*. Tradução Manuel Cancio Meliá. Tomo XLIX, fascículo I. Madri: Centro de Publicaciones, janeiro-abril de 1996, p. 187-217.

_____. "Del derecho penal de la clase baja al derecho penal de la clase alta. ¿Un cambio de paradigma como exigencia moral?". Tradução Lourdes Baza. *Temas actuales y permanentes del derecho penal después del milenio*. Madri: Tecnos, 2002, p. 49-69.

_____. "O direito penal é a *ultima ratio* da proteção de bens jurídicos – Sobre os limites invioláveis do direito penal em um Estado de Direito liberal". Tradução de Luís Greco. *Revista Brasileira de Ciências Criminais*, São Paulo: Revista dos Tribunais, n° 53, mar./abr. 2005, p. 9-37.

_____. "El derecho en el processo de la globalización económica". *Orientaciones de la política criminal legislativa*. Cidade do México: Instituto Nacional de Ciencias Penales, 2005, p. 3-16.

SERRANO MAÍLLO, Alfonso. *Introdução à criminologia*. Tradução de Luiz Regis Prado. 1ª ed. São Paulo: Editora Revista dos Tribunais, 2007.

SHECAIRA, Sérgio Salomão. *Responsabilidade penal da pessoa jurídica*. 2ª ed. atual. e ampl. São Paulo: Editora Método, 2002.

_____. "Globalização e Direito Penal". In: BITTAR, Walter Barbosa (coord.). *A criminologia no Século XXI*. Rio de Janeiro: Editora Lumen Juris, 2007, p. 211-226.

_____. *Criminologia*. 2ª ed. rev., atual. e ampl. São Paulo: Editora Revista dos Tribunais, 2008.

_____. "Pena e política criminal. A experiência brasileira". In: SÁ, Alvino Augusto de; SHECAIRA, Sérgio Salomão (orgs.). *Criminologia e os problemas da atualidade*. São Paulo: Atlas, 2008, p. 321-334.

SILVA, José Afonso da. *Poder constituinte e poder popular (estudos sobre a Constituição)*. 1ª ed., 3ª tiragem. São Paulo: Malheiros, 2007.

_____. *Aplicabilidade das normas constitucionais*. 7ª ed., 2ª tiragem. São Paulo: Malheiros, 2008.

_____. *Comentário contextual à Constituição*. 5ª ed., de acordo com a Emenda Constitucional 56, de 19/12/2007. São Paulo: Malheiros, 2008.

SILVA SÁNCHEZ, Jesús-María. *Aproximación al derecho penal contemporáneo*. Barcelona: José Maria Bosch Editor, 1992.

_____. "Política criminal en la dogmática: algunas cuestiones sobre su contenido y limites". In: SILVA SÁNCHEZ, Jesús-María (org.). *Política criminal y nuevo derecho penal (Libro homenaje a Claus Roxin)*. Barcelona: José María Bosch Editor, 1997, p. 17-29.

_____. *Política criminal y persona*. Buenos Aires: Ad-Hoc, março de 2000.

_____. *A expansão do direito penal: aspectos da política criminal nas sociedades pós-industriais*. Tradução Luiz Otavio de Oliveira Rocha. São Paulo: Revista dos Tribunais, 2002. (Série As Ciências Criminais no Século XXI, vol. 11.)

_____. *Tiempos de derecho penal*. Montevidéu, Buenos Aires: Editorial B de f, setembro de 2009.

SILVEIRA, Renato de Mello Jorge. *Direito penal supra-individual: interesses difusos*. São Paulo: Editora Revista dos Tribunais, 2003. (Ciência do direito penal contemporânea, vol. 3.)

_____. "A construção do Bem jurídico espiritualizado e suas críticas fundamentais". Boletim IBCCRIM. São Paulo, vol. 10, n° 122, p. 14-15, jan. 2003.

_____. *Direito penal econômico como direito penal de perigo*. São Paulo: Editora Revista dos Tribunais, 2006.

SISTER, Sérgio. "A crise do dinheiro solto". In: SISTER, Sérgio (org.). *O abc da crise*. São Paulo: Editora Perseu Abramo, 2009, p. 55-66.

SOUZA, Washington Peluso Albino de. *Teoria da constituição econômica*. Belo Horizonte: Del Rey, 2002.

STRECK, Lenio Luis. "O papel da constituição dirigente na batalha contra decisionismos e arbitrariedades interpretativas". In:

COUTINHO, Jacinto Nelson de Miranda; MORAIS, José Luis Bolzan de; STRECK, Lenio Luiz (orgs.). *Estudos constitucionais*. Rio de Janeiro: Renovar, 2007, p. 177-195.

_____. "Reflexões hermenêuticas acerca do papel (dirigente) da Constituição do Brasil e os (velhos) obstáculos à concretização dos direitos fundamentais/sociais". In: CLÈVE, Clèmerson Merlin; SARLET, Ingo Wolfgang; PAGLIARINI, Alexandre Coutinho (orgs.). *Direitos Humanos e Democracia*. Rio de Janeiro: Forense, 2007, p. 385-405.

SUTHERLAND, Edwin H. *White collar crime: the uncut version*. New Haven e Londres: Yale University Press, 1983.

TAVARES, André Ramos. *Direito constitucional econômico*. 2ª ed. São Paulo: Método, 2006.

_____. *Curso de direito constitucional*. 6ª ed. São Paulo: Saraiva, 2008.

_____. (org.). *1988-2008: 20 anos da constituição cidadã*. São Paulo: Imprensa Oficial do Estado de São Paulo, 2008.

TAVARES, Maria da Conceição. "Entupiu o sistema circulatório do capitalismo". In: SISTER, Sérgio (org.). *O abc da crise*. São Paulo: Editora Perseu Abramo, 2009, p. 67-70.

TELLES JUNIOR, Goffredo. *Carta aos brasileiros de 1977: edição comemorativa do 30º aniversário da Carta*. São Paulo: Editora Juarez de Oliveira, 2007.

TIEDEMANN, Klaus. "El concepto de delito económico y de derecho penal económico". *Nuevo pensamiento penal – Revista de derecho y ciências penales*, Buenos Aires: Ediciones Depalma, ano 4, nºs. 5 a 8, 1975, p. 461-475.

POLÍTICA CRIMINAL E CRIMES ECONÔMICOS 235

_____. "La criminalidad económica como objeto de investigación". *Cuadernos de política criminal*, Madri: Edersa, n° 19, 1983, p. 171-183.

_____. "El concepto de derecho económico, de derecho penal económico y de delito económico". *Cuadernos de política criminal*, Madri: Edersa, n° 28, 1986, p. 65-74.

_____. "Responsabilidad penal de personas jurídicas y empresas en derecho comparado". *Revista Brasileira de Ciências Criminais*, São Paulo: Revista dos Tribunais, ano 3, n° 11, jul./set. 1995, p. 21-35.

_____. "La estafa de subvenciones. Punto de partida de un Derecho Penal Supranacional Europeo". *Revista del Poder Judicial*, Madri: Consejo General del Poder Judicial, n° 74, segundo trimestre de 2004, p. 225-229.

_____. "Nuevas tendencais en la responsabilidad penal de personas jurídicas". Versão corrigida do texto original por Manuel A. Abanto Vásquez. *Dogmática penal del tercer milenio. Libro homenaje a los professores Eugenio Raúl Zaffaroni y Klaus Tiedemann.* Lima: Aras Editores, 2009, p. 397-417.

ZIPF, Heinz. *Introducción a la política criminal.* Tradução de Miguel Izquierdo Macías-Picavea. Madri: Edersa, 1979.

Esta obra foi impressa em Santa Catarina na primavera de 2012 pela Nova Letra Gráfica & Editora. No texto foi utilizada a fonte Electra LH em corpo 10 e entrelinha de 15 pontos.